Suhrkamp BasisBiographie 39 **Michelangelo**

AF177296

Boris von Brauchitsch, geboren 1963 in Aachen, studierte Kunstgeschichte in Frankfurt, Bonn und Berlin und promovierte über Fotografiegeschichte. Er arbeitet als Kurator, Autor und Fotograf und lebt in Berlin. Unter anderem sind von ihm erschienen: *Man sieht nur, was man weiß* (The Green Box, Zürich / Berlin); *Galerie des 20. Jahrhunderts* (DuMont, Köln 2003); *Kleine Geschichte der Fotografie* (Reclam, Stuttgart 2002 / Cydlady, Warschau 2004); *Die kurze aber wahre Geschichte der Erfindung des Leon Battista Alberti* (Verlag Christian Rohr, Berlin 1999); *Renaissance* (DuMont, Köln 1999 / Barrons, New York 2000) und *Caravaggio* (Suhrkamp BasisBiographie 25, Suhrkamp Verlag, Frankfurt 2007).

Michelangelo

Suhrkamp BasisBiographie
von Boris von Brauchitsch

Suhrkamp BasisBiographie 39 Erste Auflage 2009 Originalausgabe
© Suhrkamp Verlag Frankfurt am Main 2009
Druck: Kösel, Krugzell · Printed in Germany
Umschlag: Hermann Michels und Regina Göllner
ISBN 978-3-518-18239-0
Die Schreibweise entspricht den Regeln der neuen Rechtschreibung, Zitate wurden in ihrer ursprünglichen Schreibweise belassen.

1 2 3 4 5 6 − 14 13 12 11 10 09

Inhalt

Der Künstler als Gott

Die Vorstellung vom überirdischen Genie wird bei Michelangelo Buonarroti strapaziert wie bei keinem anderen Künstler. Himmlische Schöpferkraft wird hier erstmals zum Topos. Der »göttliche« Michelangelo ist jedoch nicht nur eine über die Jahrhunderte abgeschliffene Leerformel, sondern bezeichnet auch die Spitze einer Leistungskurve, die Giorgio Vasari in einer ganz eigenen Theorie definiert hat: In seinen Lebensbeschreibungen, noch zu Michelangelos Lebzeiten veröffentlicht, gliedert er das Zeitalter der Renaissance rückblickend in drei Abschnitte. Der Mensch dient auch hier als Maß der Dinge, und so folgt auf Kindheit und Jugend die Reife, deren Höhepunkt mit dem Werk Michelangelos erreicht sei. Nach rund 250 Jahren Entwicklung – von Giotto an – stehe mit Michelangelo die Renaissance nun in voller Blüte. Ein einzigartiges Genie, von Natur begabt, habe sich darangemacht, die Natur – und damit Gottes Werk – zu übertreffen. Diese Theorie, die den vollendeten Künstler, wenn nicht an Macht, so doch an ästhetischem Gestaltungsvermögen Gott letztlich überlegen darstellt, hat etwas Blasphemisches, das durchaus das Augenmerk der Inquisition hätte auf sich ziehen können.

Was Michelangelo anfasst, so wird von seinen frühen Biographen suggeriert, gelingt wie von allein. Lediglich seine Auftraggeber, oft kleingeistige Machtmenschen, wissen immer wieder aufs Neue seinen Schaffenstrieb zu boykottieren. Der Mythos Michelangelo besitzt ein solides Fundament, das er selbst noch mitbegründen konnte und auf das folgende Epochen aufgebaut haben. »Ich, der Gott für unendlich viele Wohlthaten zu danken habe, wie sie Künstlern nur selten widerfahren«, schreibt Vasari, »erkenne als eine der größten, daß ich zur Zeit Michelangelos lebte.« (GV 1983, Bd. V, S. 437) Die Vorstellung vom umfassend gebildeten Künstler, der beim Malen der Körper ein Anatom, beim Malen der Sterne ein Astronom, beim Malen der Pflanzen ein Botaniker zu sein hatte, wird ergänzt und übertroffen von der Idee des Uomo universale, der in Persönlichkeiten wie Leon Battista Alberti oder Leonardo da Vinci zwar bereits zuvor Gestalt angenommen hatte, aber erst mit dem eigenwilligen Tatmenschen Michelangelo und seinen Kultwerken ins populäre Bewusstsein vordrang. Denn in allen drei bildenden Künsten hat Michelangelo Werke geschaffen, die in ihrem Symbolwert und ihrer Prominenz nahezu unerreicht sind: die Skulptur des *David*, der zum Inbegriff männlicher Schönheit avancierte, die bis heute Gültigkeit besitzt, die Deckenausmalung der Sixtinischen Kapelle, von der vor allem die *Erschaffung Adams* endlos in der Kunstgeschichte zitiert wird und inzwischen ein Dasein als universales Dekor von Bars und Friseursalons fristet, und schließlich die Kuppel der Hauptkirche der Christenheit, Sankt Peter, ohne deren Vorbild nicht zuletzt die Architekten des Kapitols in Washington in Ermangelung eigener Ideen ratlos gewesen wären. Zudem versuchte sich Michelangelo in der Dichtkunst und hatte schon in jungen Jahren die Gelegenheit, an den philosophischen Diskursen im Florentiner Umfeld seines Gönners Lorenzo de' Medici zu partizipieren. Michelangelo ist eine Zierde für seine Stadt, die nicht nur Vasari in Fragen der Kultur als Nabel der Welt verstanden wissen wollte. Kein anderes Land war schließlich so kultiviert wie Italien und die Einwohner der Toskana waren wiederum dem Rest des Landes voraus. Und da dies auch Gott bekannt war, so Vasari, wählte er die Stadt Florenz, »um dort die wohlverdiente, endliche Vollendung aller Künste in einem ihrer Bürger ans Licht zu stellen« (GV 1983, Bd. V, S. 259).

Michelangelos Leben spielte sich im Wesentlichen zwischen zwei Städten ab, der geliebten, aber unberechenbaren Heimat Florenz und der katholischen Machtzentrale Rom, in der wachsames Misstrauen noch angebrachter war. Nahm er regen Anteil an der wechselhaften Geschichte von Florenz zwischen Medici-Herrschaft und republikanischen Bestrebungen, ohne es sich dauerhaft mit einer der Parteien verderben zu wollen, so erlebte er in Rom elf Päpste (von Alexander VI. Borgia bis Pius IV. Medici), mit deren Interessen und Mentalitäten er sich zu arrangieren suchte. Nur wenn er gar keinen Ausweg mehr sah und er sich weder in Florenz noch in Rom sicher fühlte, floh er nach Venedig, in eine Metropole, in der große

Florentiner Bildhauer wie Donatello und Andrea Sansovino zu Ehren und Aufträgen gekommen waren, in der er selbst beruflich jedoch nie Fuß fassen konnte.

Als Michelangelo 1563 in seinem 89. Lebensjahr starb, hatte er nicht nur das strenge Regime und schließlich den Fall des Sittenpredigers und Reformers Savonarola und den Aufstieg der Medici zu Alleinherrschern beobachten können, nicht nur die Konflikte zwischen Frankreich und Spanien, die auf italienischem Boden ausgetragen wurden und unter anderem den Sacco di Roma, die Zerstörung der Stadt im Jahre 1527, zur Folge hatten, sondern auch die Reformation und ihre unmittelbaren Folgen. Michelangelo erlebte den Höhepunkt und das Ende der Renaissance, an dem er auf künstlerischem Gebiet selbst entscheidend mitwirkte, und sprengte vor allem in der Architektur den Weg für den kommenden Barock frei, indem er sich über die klassische Doktrin der Ordnungen und Proportionen, die in einer Fülle von Traktaten festgeschrieben worden war, hinwegsetzte.

Das Werk Michelangelos ist so vielschichtig und birgt eine derart breite Palette an Ausdrucksformen und Stilvarianten, dass man es zunächst nur schwer einem einzelnen Künstler zuordnen möchte. Und so ist der große Geist, »allvermögend in jeder Kunst und jedem Beruf« (GV 1983, Bd. V, S. 258), selten mit seinem Gesamtwerk auf Bewunderung gestoßen. Stattdessen haben verschiedene Zeiten sich für verschiedene Teile begeistern können, denn Michelangelos Werk selbst verkörpert eine ganze Ära, von den ersten, noch an der Antike orientierten skulpturalen Versuchen über entfesselte architektonische Launen bis hin zu den unvollendeten späten Pietàs, die erst das Zeitalter der Abstraktion mit ganz neuen Augen wahrnehmen konnte.

Das Feine, Detaillierte und Sinnliche lag Michelangelo fern. Das Monumentale und Dynamische war seine Sache. Im Mittelpunkt seines Schaffens stand dabei immer der Tod, mit dem er sich ein Leben lang auseinandersetzte, in Briefen, Grabarchitekturen, gemalten Schlachten und Martyrien, Stein gewordenen Niederlagen, sterbenden und toten Männerkörpern. Und in Gedichten, in denen er das Ende herbeisehnte – als Erlösung von der Liebe, die ihn enttäuscht hatte:

»Müd nun beflügelt sich, um aufzufahren,
Mein Geist, dahin, wo er sich rein verklärt.
Was du versprochen, ward mir nicht gewährt,
Weil leer dein Wort und deine Ehre waren.«

(Brauchitsch 2007, S. 103)

Leben

Aus der Provinz in die Renaissance-Metropole (1475-1487)

Michelangelo Buonarroti Simoni kam »eines Sonntags um die achte Stunde der Nacht« (GV 1983, Bd. V, S. 259) bzw. »vier Stunden vor Tagesanbruch an einem Montag« (AC 1943, S. 9) im Dorf Caprese unweit von Arezzo zur Welt. Es war der 6. März 1475 und sein Vater Lodovico di Leonardo Buonarroti Simoni übte gerade im Auftrag der Florentiner in der Provinz das Amt des auf Zeit gewählten Podestà, des ortsfremden und damit weniger im lokalen Filz verhafteten Bürgermeisters, aus. Podestà konnten hier Bürger der Stadt Florenz werden, die der Partei der Guelfen (Welfen) angehörten.

Madonna an der Treppe, Casa Buonarroti, Florenz

Die Kämpfe zwischen den eher papsttreuen Guelfen und den kaisertreuen Ghibellinen (Waiblinger / Staufer) waren zwar Geschichte, aber in der Überlieferung der Florentiner lebendige und sichtbare Geschichte, denn der politische Konflikt hatte für ihre Stadt über Jahrhunderte verheerende Folgen gehabt. Insofern hatte es seine Berechtigung, wenn Michelangelos Schüler und Biograph Ascanio Condivi bei der Schilderung der edlen Abstammung seines Meisters von Bonifazius von Canossa (im 11. Jahrhundert Herr über Mantua) auch gleich davon berichtet, dass Michelangelos Urahn aus dem Hause Simoni im Jahre 1250 zwar als Ghibelline nach Florenz gekommen war, sich aber geschickt genug gezeigt hatte, zu den Guelfen überzulaufen.

Als die Amtszeit von Leonardo Buonarroti zu Ende gegangen war, kehrte er mit seiner Frau Francesca di Neri di Miniato del Sera und seinen Söhnen Leonardo und Michelangelo in das unmittelbare Florentiner Umfeld, nach Settignano, zurück, auf ein Gut vor den Toren der Stadt. Die Familie wuchs kontinuierlich. Neben dem zwei Jahre älteren Leonardo bekam Michelangelo weitere Brüder: Buonarroto (1477-1528), Giovansimone (1479-1548), Sigismondo (1481-1555) und Matteo (*1481?), bei dessen Geburt möglicherweise die Mutter

Michelangelos Brüder

starb. Matteo könnte jedoch auch der Sohn der zweiten Frau des Vaters, Lucrezia, sein, die dieser 1485 heiratete. Leonardo wurde Geistlicher, Buonarroto begann als Tuchhändler in den Diensten der Familie Strozzi, Giovansimone war das schwarze Schaf der Familie, ein unzuverlässiger Weltenbummler, und Sigismondo schlug eine militärische Laufbahn ein (Gotti 1876, S. 18-19).

>>Wenn wir nichts Anderes von ihm wissen, als daß er den Moses, die Medicäergräber, die Decke der Sixtinischen Kapelle geschaffen hat, so ahnen wir den Reichthum seines Geistes, die Tiefe seines Gemüthes, die Reinheit seines Idealismus. Aber näher tretend werden wir von Manchem zurückgestoßen: ein düsteres, verschlossenes, herbes Wesen, das mehr war als die Folge jener Einsamkeit, zu der die Größe verurtheilt; Züge von Grobheit und von Malice bösester Art; dabei entschiedene Hypochondrie und Mangel an persönlichem Muth. Und doch waren dies nur Außenseiten, die bei ihm mehr als bei irgendeinem gleich großen Menschen im Gegensatz zum Innern standen, mehr vielleicht noch als selbst bei Beethoven. Er erschien geizig und verschenkte im Geheimen Vermögen; er war Geistlichen und Päpsten gegenüber selbstbewußt und sogar grob, und doch ein tief gläubiger Sohn der Kirche; er war unliebenswürdig und ungehobelt in seinem Auftreten und zeigte doch in seinen Gedichten, wie weich und widerstandslos, von zartestem Empfinden durchgeistet, sein Inneres war.<<
(Der Philosoph und Soziologe Georg Simmel über das widersprüchliche Wesen Michelangelos; Simmel 1992, S. 37 f.)

Die Zeit, in die Michelangelo geboren wurde, war eine Zeit des europäischen Aufbruchs. Der Buchdruck nach der Methode Gutenbergs konnte in Italien Fuß fassen, in Deutschland gründete man eine Reihe von Universitäten, darunter Tübingen und Mainz, und auch wenn die Entdeckung Amerikas durch Kolumbus noch bevorstand, orientierten sich vor allem portugiesische Seefahrer gen Süden. Tanger wurde erobert und erstmals von Europäern der Äquator überschritten. Im selben Jahr wie Michelangelo wurden für die Politik und Kunst Italiens so wichtige Persönlichkeiten wie Cesare Borgia, verhasster Sohn Papst Alexanders VI., Beatrice d'Este, Herzogin von Mailand und Mäzenin Donato Bramantes (1444-1514) und Leonardo da Vincis (1452-1519), Giovanni de' Medici, der spätere Papst Leo X., der Architekturtheoretiker Sebastiano Serlio sowie der Kupferstecher Marcantonio Raimondi geboren, der mit seinen Reproduktionen bedeutender Gemälde maßgeblich für die Popularität vieler Meisterwerke Italiens verantwortlich werden sollte. Geboren wurden 1475 auch die beiden erbitterten Gegner bei der letztlich gemeinsamen Vernichtung des Inkareichs, Hernando Pizarro und Diego de Almagro. Für die Dominanz Europas und seine weltweite Vormachtstellung waren die Fundamente gelegt.

In Florenz hatte währenddessen unter einem immer fadenscheiniger werdenden republikanischen Deckmantel über vier Generationen die Familie Medici alle entscheidenden Ämter der Stadt unter ihre Kontrolle gebracht. Von einer Demokratie im heutigen Sinne waren alle italienischen Republiken weit entfernt, in Florenz jedoch ergab sich eine besondere Situation, indem der Schein der Mitbestimmung durch einen Stadtrat gewahrt blieb, letztlich jedoch der jeweilige Chef des europaweit etablierten Bankhauses Medici (unter anderem mit Niederlassungen in Basel, Avignon, Trier, Brügge und London) die Zügel in der Hand behielt. Ein Attentat auf die führenden Köpfe der Familie, die sogenannte Pazzi-Verschwörung am 26. April 1478, bei der auch Papst Sixtus IV., ein Feind der Medici, Mitwisser war und die Giuliano de' Medici, Bruder des Stadtregenten Lorenzo Magnifico, das Leben kostete, führte zur Hinrichtung einer Reihe hochrangiger Geistlicher. Das aufgebrachte Volk tötete unter anderem den Erzbischof von Pisa, Francesco Salviati, einen der maßgeblichen Drahtzieher der Verschwörung. Der 17-jährige Neffe des Papstes, Raffaele Sansoni Riario, bereits Kardinal von San Giorgio in Velabro, entkam nur durch eine Schutzhaft der Lynchjustiz. Lorenzo, der bei dem Anschlag mit dem Leben davongekommen war, wurde vorübergehend vom empörten Papst exkommuniziert, letztlich festigten der Putsch und die Folgen jedoch seine Position.

Die einzigartige Prachtentfaltung, der Lorenzo seinen Beina-

Die Medici etablieren sich

men »Der Prächtige« verdankte, gründete nicht zuletzt auf einem Reichtum an künstlerischen Talenten, die Florenz bevölkerten. In den 1480er Jahren wirkten Künstler wie Sandro Botticelli (1445-1510), Pietro Perugino (um 1448-1523), Domenico Ghirlandaio (1449-1494), Leonardo da Vinci (1452-1519), Filippino Lippi (1457-1504) und Lorenzo di Credi (1459-1537) in der Arnostadt und ihre Werke – und auch sie selbst – wurden europaweit herumgereicht. Florenz war unstrittig das kulturelle Zentrum des Landes, aus dem sogar der Papst seine Kunst bezog, und begann, sich als das neue Athen zu fühlen.

Erste Prügel für das sture Genie (1488-1492)

Dass Michelangelo in allen Künsten mehr oder weniger Autodidakt sei, eine eruptive Naturkraft, die plötzlich die Welt der Künste durcheinanderwirbelte, »einem Gewitter gleich« über Florenz hereinbrach (Rolland 1922, S. 11), legten bereits Vasari und Condivi nahe. Obwohl ihn sein Vater in eine humanistische Grammatik-Schule schickte, ließ ihn sein Zeichentrieb nicht ruhen (GV 1983, Bd. V, S. 260). Der ältere Bruder hatte die kirchliche Laufbahn eingeschlagen und Michelangelo selbst übte sich im Verborgenen in der Kunst, denn sein Vater hatte sich entschlossen, aus ihm ebenfalls einen gesellschaftlich angesehenen Mann zu machen. Auch ein Onkel lebte mit im Haus, und wurde Michelangelos heimliches Tun entdeckt, versuchten Vater und Onkel ihm gemeinsam die Kunst-Flausen auszuprügeln (AC 1943, S. 10). Der Hass des Vaters auf die Kunst, so argumentieren die beiden Künstler Vasari und Condivi, habe auf Unwissenheit über die wahre und edle Größe dieses Berufs beruht. Man darf davon ausgehen, dass diese Unwissenheit, trotz des wachsenden Selbstvertrauens der Künstler seit den Tagen Donatellos, Ghibertis und Brunelleschis, noch immer weit verbreitet war. Die Renaissance mit ihrem neuen Welt- und Künstlerbild blieb letztlich Sache einer kleinen gebildeten Oberschicht und Künstlern haftete wohl auch deshalb in den Augen der Gesellschaft zunehmend ein Hauch von Verschrobenheit an. Michelangelo sollte hier keine Ausnahme werden. Noch bestand allerdings Hoffnung bei der Familie Buonarroti, die sich immerhin als Teil der Aris-

Domenico Ghirlandaio, Capella Tornabuoni, *Geburt der Jungfrau*, Basilica di Santa Maria Novella, Florenz

tokratie fühlte und sich schon deshalb bemühte, ihre Söhne in anständigen Berufen unterzubringen. Die Freundschaft zwischen Michelangelo und Francesco Granacci (1469-1543), der bei Domenico Ghirlandaio und dessen Bruder Davide (1452-1525), den Leitern der angesehensten Malerwerkstatt von Florenz, in die Lehre ging, hat den Ehrgeiz des heimlichen Zeichners noch angestachelt. Granacci lieh ihm Studienblätter seiner Meister, an denen sich Michelangelo üben konnte, und bald schon arrangierte sich Leonardo Buonarroti mit der Tatsache, dass er einen potentiellen Künstler großzog.

Am 1. April 1488 unterschrieb er einen Vertrag mit den Brüdern Ghirlandaio. Sein Sohn Michelangelo sollte für drei Jahre bei ihnen das Handwerk der Malerei erlernen. Domenico Ghirlandaio stand zu dieser Zeit im Zenit seines Ruhmes. Er pflegte beste Kontakte zum Hause der Medici, hatte bereits die Capella Sassetta in der Florentiner Kirche Santa Trinità ausgemalt, an der Ausschmückung der Sixtinischen Kapelle in Rom mitgewirkt und war nun mit einem Werk befasst, das großes Renommee versprach: der Hauptkapelle, der Capella Tornabuoni, in Santa Maria Novella. Diese künstlerische Großbaustelle muss den 13-jährigen Michelangelo beeindruckt haben. Und zweifellos hat er die Lehrzeit zumindest anfangs dazu genutzt, sich technische Fertigkeiten anzueignen.

Kurze Lehrzeit bei den Ghirlandaios

»›Du wirst also wiederum dorthin gehen, wohin du gehörst, zu
den Heiden!‹ stößt der Onkel scharf hervor und sein Gesicht
läuft rot an. ›Du bist unverbesserlich und läßt dich nicht mehr
auf den rechten Weg führen! Du bist die Schande der Familie,
und du verharrst in dieser Schande! Deine Arbeiten werden
auch weiterhin Gottes Zorn auf Florenz herabrufen, den wir uns
mit unseren Gebeten abzuwehren bemühen!‹ – ›Ich höre auf,
Euch eine Last zu sein –‹, flüstert Michelangelo. ›So ändere
dich also‹, brach der Onkel aus und schlug mit der Faust auf
den Tisch. ›Werde ein ordentlicher Mensch, wie deine Brüder,
wähle dir einen ehrlichen Beruf, und du wirst niemand mehr
zur Last fallen! Doch es ist vergeblich, du bist auf immer dem
Verderben verfallen und wirst also zu diesen widerlichen Medici zurückkehren, die die Schande von Florenz sind!‹«
(Karel Schulz schildert in seinem Roman *Versteinertes Leid* das
Unverständnis, mit dem die Familie Michelangelos auf dessen
künstlerische Ambitionen reagierte; Schulz 1960, S. 179)

Condivi, der alles daransetzt, seinen Helden zur Naturgewalt
zu stilisieren, geht angesichts der Deckenausmalung der Sixtina sogar so weit zu behaupten, Michelangelo habe zuvor
»noch nicht in Farben gearbeitet« (AC 1943, S. 39). Das widerspricht nicht nur seinem eigenen Bericht – immerhin erzählt
er davon, dass Michelangelo für Angelo Doni eine Madonna
malte –, sondern negiert auch seine Ausbildung. Seltsam ist
auch Condivis Schilderung Domenico Ghirlandaios, der Michelangelo während seiner Lehrzeit »keinerlei Hilfe geleistet«
habe und dessen Neid auf das schnell sichtbar werdende Talent des Schülers die Beziehung zerrüttet haben soll (AC 1943,
S. 11-12). »Man mag nicht so recht an die kleinliche Eifersucht
Ghirlandaios glauben«, schrieb schon Romain Rolland (1922,
S. 16), denn warum sollte der erfolgreichste Maler von Florenz
auf einen 13-jährigen Lehrling neidisch sein? Viel wahrschein-
licher ist, dass es Spannungen gab, weil der sture Schüler bald
Extravaganzen pflegte. Er übte sich als Fälscher, indem er
nicht nur alte Werke kopierte, sondern die Kopien mit Ruß
künstlich altern ließ, bis sie von den Originalen nicht mehr

zu unterscheiden waren (AC 1943, S. 12), oder er wich bei der Kopie eines Stichs der *Versuchung des heiligen Antonius* von Martin Schongauer von der Vorlage ab, indem er den Teufeln Köpfe von Fischen malte, die er zuvor auf dem Markt gekauft hatte (AC 1943, S. 11; GV 1983, Bd. V, S. 264). Und auch bei der Arbeit in Santa Maria Novella nutzte er die Abwesenheit des Meisters für eigene Experimente und zeichnete etwa, statt sich nützlich zu machen, seine Mitschüler und Gehilfen, wie sie auf den Gerüsten arbeiteten. »Dieser versteht mehr als ich!«, soll Ghirlandaio nach seiner Rückkehr ausgerufen haben, als er die Zeichnung vorfand. Ob der von Vasari überlieferte Ausspruch ernst oder ironisch gemeint war, wird sich nicht mehr feststellen lassen. Vasari deutet die Reaktion eindeutig als Ghirlandaios Erkennen der »von Gott verliehenen« Fähigkeiten seines Schülers (GV 1983, Bd. V, S. 263).

Eines steht aber außer Frage: Michelangelo wusste früh auf sich aufmerksam zu machen, war ungeduldig und suchte nach neuen Aufgaben. Ob sich wirklich unüberwindbare Probleme zwischen ihm und Ghirlandaio entwickelten oder er nur eine neue Leidenschaft, die Bildhauerei, entdeckte? Es ist wohl wieder Granacci, der den Freund mit in den Garten der Medici bei San Marco (Ecke Via degli Arazzieri) nimmt (AC 1943, S. 12), in dem Lorenzo de' Medici, »aus dem lebendigen Wunsche, eine Schule für Maler und Bildhauer zu gründen« (GV 1983, Bd. V, S. 264), dem Bildhauer Bertoldo, einem inzwischen zwar alten, aber technisch versierten Schüler Donatellos, eine Wohnung angewiesen hatte. Vielleicht kam Michelangelo auch durch Vermittlung Ghirlandaios hierher, denn Lorenzo habe den Maler beauftragt, so Vasari, vor allem junge Leute zu schicken, in denen ein Talent zum Bildhauer schlummere. Denn die großen Meister der Frührenaissance waren tot, Donatello galt als bislang unerreicht und der Mangel an guten Bildhauern schien Lorenzo inzwischen in seiner Stadt evident (GV 1983, Bd. V, S. 265).

Der Garten des Lorenzo de' Medici war mit allen Bequemlichkeiten ausgestattet, bot Ruhe-, Gesellschafts- und Speiseräume, eine Loggia sowie genügend Studienobjekte und eine Sammlung ausgewählter Handzeichnungen von den

Im Skulpturengarten Lorenzo de' Medicis

führenden Künstlern der Stadt. Mit dem Schritt in diese Umgebung wandte sich Michelangelo nicht nur der Skulptur zu, sondern auch der politischen Führungsriege und der geistigen Elite der Stadt.

Es gelang ihm offenbar auch, in Lorenzos Garten schnell auf sich aufmerksam zu machen. Der Herr über Florenz »erkannte alsbald den herrlichen Geist des Jünglings und behielt ihn von nun an immer im Auge« (GV 1983, Bd. V, S. 265). Vasari stellt die Naturbegabung Michelangelos als Bildhauer heraus: Nach wenigen Tagen habe dieser bereits zu einem Stück Marmor gegriffen und daraus, inspiriert von der Antike, einen grinsenden Faun gemacht. Natürlich hatte er zuvor »nie Marmor und Meißel unter den Händen gehabt« (GV 1983, Bd. V, S. 265).

Michelangelo pflegte später von sich selbst zu berichten, »vielleicht zum Scherz, vielleicht aber auch im Ernst« (AC 1943, S. 9), er habe seine bildhauerische Begabung mit der Milch

Tondo Doni, Uffizien, Florenz

seiner Amme in Settignano eingesogen, die die Frau und Tochter eines Steinmetzen war. Es liegt nahe, dass der Junge bereits vor seiner Malerlehre im dörflichen Umfeld nicht nur über die Milch der Amme Kontakt zu Steinmetzen hatte und sich dort die eine oder andere präzise wie zupackende Technik der Steinbearbeitung aneignete. Weit mehr als bei den Bildhauern war Zeit für die Steinmetze ein wichtiger Faktor. Schnelle, effektive Arbeit brachte größeren Gewinn, und es ist vor allem diese kraftvolle Effektivität, die seine Zeitgenossen beeindruckte und Michelangelo sein Leben lang auszeichnete: »Diesbezüglich kann ich sagen, dass ich Michelangelo gesehen habe, der, über sechzig Jahre alt und nicht einmal von besonders robuster Statur, in einer Viertelstunde mehr Marmorsplitter von einem sehr harten Marmor entfernte als es drei junge Steinmetze in drei oder vier geschafft hätten«, berichtet der Werkstattbesucher Blaise de Vigenère. »Eine fast unglaubliche Sache, hätte man es nicht gesehen; er arbeitete daran mit einer solchen Wut, dass ich Angst hatte, das ganze

Ottavio Vannini, *Lorenzo de' Medici unter den Künstlern*, Palazzo Pitti, Florenz (1635)

Stück würde entzwei gehen, und mit einem einzigen Schlag hieb er Brocken von drei bis vier Fingern Dicke heraus.« (Zit. n. Kupper 2004, S. 147)

Der Garten des Lorenzo verklärt sich zum Paradies, in dem

»Die Form der florentinischen Phantasie ist nicht leicht zu um-
schreiben. Sie ist unversiegbar, aber nicht überschwenglich
und ausschweifend, sondern wird dauernd vom Verstande
kontrolliert. Die Kehrseite dieser sprühenden Phantasie besteht darin, daß das unmittelbar sinnliche Element in ihr
schwächer ausgebildet ist als in Siena oder Venedig. Sinnlich
in umfassender Weise verstanden. Es fehlt der Sinn für das na-
turhaft Gewachsene. Wer hätte je so wenig Organ für das Ver-
führerisch-Feuchte des Wassers gehabt wie Botticelli in der
Geburt der Venus? Wo gebricht es sonst so sehr an ursprünglicher Freude an der Landschaftsmalerei als in Michelangelos
Karton der badenden Soldaten?«
(Harald Keller in seiner Kunst-Topografie *Die Kunstlandschaften Italiens*; Keller 1983, S. 150)

der Stadtherr liebevoll über die Künste und den Geist wachte
und die Eleven in friedlicher Konkurrenz ihre Studien trieben. Er erscheint wie der Hain von Delphi, in dem Orpheus
Apollo begegnet, oder der Lorbeerhain, in dem Alamannus
flaniert und dort mit Cupido zusammentrifft; ganz wie der
Mediziner, Magier, Astrologe und Philosoph Marsilio Ficino, Begründer der Florentiner Platonischen Akademie, es in
seinen 1481 verfassten *Apologus-Erzählungen* beschreibt. Es
ist ein Ort der Imagination und Ficino war deren Hohepries-
ter.
Durch Ficinos Lehren ist Michelangelo mit dem platonischen
Kosmos in Berührung gekommen und hat unter anderem
auch die Bedeutung der Sterne für das menschliche Leben
erfahren. Sowohl Vasari als auch Condivi geben die genaue
Geburtsstunde Michelangelos an, im Wissen darum, wie
wichtig sie für ein Horoskop ist, und sie belassen es nicht
dabei, sondern sehen sein Genie am Himmel vorgezeichnet:
»Denn Merkur, mit Venus im Gefolge, (stand) im Hause des
Jupiter« (AC 1943, S. 9). Was das bedeutet, erläutert bei Ficino
Jupiter persönlich: Er hat es »vom Anbeginn der Welt an so
eingerichtet […], dass Sonne (Phoebus) und Merkur auf ihrer Himmelsbahn stets so nahe beisammen waren […], damit

alle, die am Himmel die Sonne, Herrscherin über die Sterne, immer mit Merkur, der für die göttliche Weisheit steht, einherschreiten sehen, erkennen können, dass es auch auf der Erde niemals Macht ohne Weisheit geben solle, und wenn ja, dann nur für kurze Zeit« (Ficino, zit. n. Leitgeb 2006, S. 31 f.). Venus, die Göttin der Liebe, steht also mit dem Gott der Weisheit im Hause des Göttervaters. Was mehr kann man wünschen für eine Geburtsstunde.

Dass die Florentiner Luft für kreative Höchstleistungen ideal war, hat Vasari mehrfach betont. Durch die große Dichte an Begabung entstand jedoch auch eine Konkurrenz, die durchaus zu Handgreiflichkeiten führen konnte. Das belegt auch Michelangelos eingeschlagene Nase. Sein Mitschüler Pietro Torrigiano (1472–1528) erzählte noch Jahrzehnte später Benvenuto Cellini, wie er den ewigen Spötter Michelangelo fürs Leben gezeichnet habe. Der entscheidende Schlag für Michelangelo und darüber hinaus für den Garten und die Platonische Akademie war jedoch der Tod Lorenzos 1492. Mit **Lorenzos Tod** ihm ging eine Ära zu Ende. Nach 33 Jahren ihres Bestehens erlosch die Akademie, ihre führenden Köpfe starben in den folgenden Jahren – Giovanni Pico della Mirandola und Angelo Poliziano 1492, Ficino 1499 und Christoforo Landino, der Lehrer Lorenzos, schließlich 1504. Lorenzos Sohn Piero nutzte den Garten fortan als Waffendepot. Die Tage der Medici in Florenz waren fürs Erste gezählt, denn längst wetterte der Prior des Dominikanerklosters Girolamo Savonarola gegen die verkommenen Repräsentanten der katholischen Kirche und predigte eine neue Innerlichkeit. Seine Rhetorik hat nicht nur die Buonarrotis fasziniert, auch Lorenzo empfing aus Savonarolas Hand die Sterbesakramente.

Sterbender Sklave, Louvre, Paris (1514, unvollendet)

Florentiner Unruhen (1492–1496)

Lorenzos 21-jähriger Sohn Piero übernahm wie selbstverständlich die Macht in Florenz. Der drei Jahre jüngere Michelangelo zog sich unterdessen in sein Elternhaus zurück und wartete ab, was passieren würde.

Ein *Herkules* für Lorenzo Es ist ein schönes Bild, das Condivi von der Situation zeichnet: Als sich der erste Schmerz über den Verlust seines Gönners gelegt hatte, schuf Michelangelo, quasi in Erinnerung an den verstorbenen Lorenzo, einen lebensgroßen *Herkules* aus Marmor (dessen Spuren sich in Frankreich verloren haben) und wenig später für dessen Nachfolger einen Schneemann. Als es schneite in Florenz, erinnerte sich der neue Medici an Michelangelo und bestellte ihn zu sich. Und der flüchtige **Ein Schneemann für Piero** Schneemann, den Michelangelo ihm auf den Hof zauberte, so scheint es, war der Türöffner zum engsten Kreis um Piero. Neben einem bildschönen spanischen Athleten, der so schnell laufen konnte wie ein Pferd, und einem begnadeten Stegreif-Lautenisten namens Cardere erfüllte Michelangelo hier die Rolle des illustren Kuriosums. Alle humanistische Bildung durch Gelehrte wie Ficino, Poliziano und Pico della Mirandola hatte aus Piero nicht mehr machen können als einen anmaßenden Snob, der zwar Interesse für alte Handschriften, aber wenig Gespür für Diplomatie an den Tag legte. Es ist bemerkenswert, dass Condivi und Vasari ausgerechnet an dieser Stelle ihrer Biographien anmerken, Michelangelos Vater hätte angesichts des vertrauten Umgangs seines Sohnes mit Piero endlich eingesehen, dass man auch als Künstler mit vornehmen Leuten verkehren könne.

Wie sehr das Physische mit dem Metaphysischen verflochten war, konnte Michelangelo bei Ficino lernen, folglich maß er auch Träumen wie dem des befreundeten Lautenspielers Cardere eine besondere Bedeutung bei, in dem der verstorbene Lorenzo in schwarzen, zerrissenen Gewändern erschien und befahl, Cardere solle Piero ausrichten, dass er in Kürze aus der Stadt gejagt werde. Als Cardere dem Befehl aus Angst vor Piero nicht folgte, ohrfeigte ihn Lorenzo in einem zweiten Traum. Natürlich hatte Piero nur ungläubigen Spott für den Musiker übrig, als der sich schließlich doch entschloss, ihm von seinen

Träumen zu erzählen. Michelangelo, berichtet Condivi, aber glaubte ihm und verließ zwei Tage später Florenz. Zu bekannt war er als Freund der Medici, als dass er bei einer Revolte seines Lebens hätte sicher sein können (AC 1943, S. 20).

War Pieros Lebensstil in Florenz ohnehin Anlass zur Entrüstung, beging er in der Politik zwei fatale Fehler, die binnen Monaten zu seinem Sturz führten. Zunächst stellte er sich gegen den französischen König Karl VIII., als dieser, motiviert vom Mailänder Herzog Lodovico Sforza, 1494 in Italien einmarschierte, um sich des Königreichs Neapel zu bemächtigen. Als Wiedergutmachung für den Fauxpas Pieros, der einer lang bewährten freundschaftlichen Verbundenheit der Stadt Florenz mit der französischen Krone zuwiderlief, forderte und erhielt Karl von Piero eine Reihe von Städten, darunter Livorno und Pisa. Zugleich zog der König in Florenz ein und machte keine Anstalten, die Stadt in absehbarer Zeit wieder zu verlassen. Der Unmut der Bevölkerung wuchs weiter und es gab keine Alternative mehr für die Medici. Flucht war die letzte Option.

Die Medici gehen ins Exil

Michelangelo war zunächst nach Venedig gereist und hatte sich dort vergeblich um Arbeit bemüht. Wenig später traf er in Bologna ein, wo er die Bekanntschaft des Bologneser Stadtrats Gianfrancesco Aldovrandi machte, dem er allabendlich aus den Werken Dantes, Petrarcas und Boccaccios vorlas, bis Aldovrandi eingeschlafen war (AC 1943, S. 21). Unterdessen wurde in Florenz der Palazzo Medici gestürmt und geplündert, die außergewöhnliche Kunstsammlung weitgehend zerstört oder geraubt. Auf Piero und seinen Bruder Giovanni, den späteren Papst Leo X., setzte die Florentiner Regierung ein Kopfgeld aus, und es war an der Zeit, dass sich die Medici in Bologna in Sicherheit brachten.

Michelangelo in Venedig und Bologna

Im Unterschied zu den feudalen Exilanten glaubte Michelangelo nach einem Jahr, sich wieder nach Florenz trauen zu können. Savonarolas Macht erlitt erste Rückschläge, der Papst erteilte ihm Predigtverbot und die Franziskaner, die ihren Einfluss in Florenz schwinden sahen, stellten sich offen gegen ihn. Auch der Rückzug Karls VIII. aus Italien, der ihn geschätzt und unterstützt hatte, schwächte seine Stellung deutlich. Papst Alexander VI. – »er tat und sann nichts weiter, als die Menschen zu betrügen« (Machiavelli 2007, S. 105) – machte keinen Hehl daraus, dass er lieber wieder Piero de' Medici als Regenten in Florenz sähe und langfristig noch lieber einen Angehörigen seiner eigenen Sippschaft. Es war also an den Florentinern, die vatikanische Bedrohung ernst zu nehmen und den skrupellosen spanischen Papst, der seine gierigen Hände nach allen erreichbaren Staaten Italiens ausstreckte, nicht weiter zu provozieren.

Michelangelo besaß nicht die Nerven, sich in diesem Chaos längerfristig zu positionieren. Zwar nahm er Kontakt zu jenem Teil der Medici-Familie auf, der aus gutem Grund in Florenz verblieben war, denn die Brüder Giovanni und Pierfrancesco de' Medici waren nicht ganz unschuldig an der Vertreibung Pieros, aber aus dem Florentiner Jahr ist wenig mehr überliefert als ein kleiner *Johannes der Täufer*, der für Pierfrancesco entstand und heute als verschollen gilt. Ansonsten entstand in den 90er Jahren eine Reihe von Werken mit mythologischer Thematik. Michelangelo hatte, wie seine Brüder, Sympathien für den Bußprediger und doch lässt sich sagen, »daß er nie so heidnisch gewesen ist, als in den Jahren 1492-1497, also gerade während jener Zeit, da die Tragödie Savonarolas abrollte« (Rolland 1922, S. 19).

Der Künstler als Fälscher Wieder einmal betätigte sich der junge Bildhauer als Fälscher und schickte einen Cupido an einen römischen Kunsthändler, der ihn als antik verkaufen sollte. Kardinal Raffaele Riario, der der Betrogene war und nach Aufdeckung des Betrugs eine sehr natürliche Reaktion zeigte, nämlich sein Geld zurückforderte, musste sich nachträglich noch rügen lassen, denn, so berichtet Condivi (AC 1943, S. 24), die römischen Künstler, die den Cupido begutachteten, waren sehr angetan und vertraten die Ansicht, der Kardinal hätte sich nicht daran stören sollen, dass die Skulptur modern gewesen sei. Vasari legt hier noch nach: »Es ist Eitelkeit, mehr auf den Namen als auf die Sache zu achten. Aber freilich der Leute, denen der Schein mehr gilt als das Seyn, hat es zu allen Zeiten gegeben.« (GV 1983, Bd. V, S. 272) Diese Sicht der Dinge setzt ein Selbstbewusstsein voraus, für das außer Frage steht, dass die Renaissance der Antike längst ebenbürtig war – Qualität allein entscheidet und das Alter einer Sache stellt an sich noch keinen Wert dar.

> »Er hat das treueste Gedächtnis besessen, so daß trotz der vielen Tausende von ihm gemalter Figuren, die man sieht, er doch nie eine gemacht hat, die der anderen ähnlich wäre oder dieselbe Stellung einnähme. Im Gegenteil habe ich ihn sagen hören, er ziehe nie eine Linie, ohne sich zu vergegenwärtigen, ob er sie schon einmal so gezogen habe; worauf er sie wieder auslösche, wenn sie für die Öffentlichkeit bestimmt gewesen sei.«
> (Michelangelos Schüler Ascanio Condivi, der schon zu Lebzeiten des Künstlers eine Biographie seines Vorbildes verfasste; AC 1943, S. 88)

Dass die »neuern Werke so gut als die antiken sind« (GV 1983, Bd. V, S. 272), konnte Michelangelo bald auch direkt an der Quelle antik-römischer Kunst unter Beweis stellen. Denn nach der Fälschungsgeschichte trat er die Flucht nach vorn an, suchte 1496 den betrogenen Kardinal in Rom persönlich In Rom auf, und Riario entpuppte sich als umgänglicher und antikenbegeisterter Kunstfreund. Bereits am Tag seiner Ankunft, schreibt Michelangelo an Pierfrancesco de' Medici, habe er Stunden damit zugebracht, die Sammlung des Kardinals zu erkunden. »Es scheint mir hier ohne Zweifel viele schöne Arbeiten zu geben. Darauf fragte mich der Kardinal, ob ich es mir zutraue, etwas Schönes zu schaffen. […] Wir haben ein Stück Marmor zu einer Figur in natürlicher Größe gekauft, und Montag will ich mit der Arbeit beginnen.« (2. Juli 1496, MB 1957, S. 21) Das klingt nicht nach dem Ignoranten, den Vasari skizzierte. Es hat zunächst allerdings den Anschein, dass die Euphorie nicht lange trug, wie so oft, wenn Michelangelo ans Werk ging. Immerhin ist der lebensgroße *Bacchus* (184 cm Vgl. S. 59 ff. u. Abb. S. 60 ohne Sockel, Bargello, Florenz), den er vermutlich aus dem erwähnten Block schälte, fertig geworden. Die Skulptur entstand auf dem Hof des Hauses Galli, das dem Palazzo des Kardinals benachbart war. Offenbar hatte sich der Kardinal mit

dem Gedanken angefreundet, auch moderne Kunst anzukau-
fen, solange sie antik daherkam. Das Thema Bacchus schien
dafür ein Garant, aber Michelangelos Ehrgeiz, die Antike zu
übertreffen, war bereits ausgeprägt, und es entstand ein Werk,
das, als es ein Jahr später fertig gestellt wurde, beim Auftraggeber auf Unverständnis stieß. Zwar zahlte der Kardinal am
3. Juli 1497 auch die letzte der drei vereinbarten Raten, aber
zunächst herrschte Missstimmung, Michelangelo bangte um
sein Geld und schrieb an seinen Vater: »Mit solchen großen
Herren muß man langsam gehen, denn sie lassen sich nicht
treiben« (1. Juli 1497, MB 1957, S. 22) – eine Erkenntnis des
22-Jährigen, die er im weiteren Verlauf seines Lebens nicht
immer beherzigt hat.

Arbeitslos und vollbeschäftigt (1497-1511)

Michelangelo war kein geborener Held, und sosehr er sich
seiner Familie und seiner Heimatstadt auch verbunden fühlte, in die Florentiner Wirren wagte er sich lange Zeit nicht
hinein. Es reichte ihm, seinen Bruder Leonardo zu sehen,
der aus Viterbo geflohen war, weil man ihm dort seine Bene-
diktinerkutte genommen hatte. Der Hass gegen die Anhänger Savonarolas wuchs im gleichen Maße, wie der Prediger
Kunst- und Bücherverbrennungen inszenierte und verbal gegen den verkommenen Vatikan zu Felde zog. Michelangelo
ließ aus Rom seinem Bruder Buonarroto den etwas naiven
Ratschlag für Savonarola zustellen, dieser solle doch in den
Vatikan kommen, damit man ihn nicht länger für einen Ket-
zer halte, sondern seine Größe erkenne und ihn heiligspreche
(MB 1957, S. 23 f.). Dazu kam es nicht. Zwei Monate später,
am 23. Mai 1498, wurde der Prophet in Florenz nach Folter
und einem Scheinprozess mit gefälschten Protokollen öffent-
lich hingerichtet und sein Leichnam verbrannt. Der Druck
Papst Alexanders VI. Borgia, der mit einem Interdikt gedroht
hatte, war letztlich Auslöser für den Magistrat der Stadt, dem
Schauspiel Savonarola ein spektakuläres Ende zu bereiten. Der
Platz musste nach der Hinrichtung großräumig abgesperrt
werden, um zu verhindern, dass Anhänger die Knochen des
Märtyrers als Reliquien ergatterten. Michelangelo verfolgte

Savonarolas Ende

die Ereignisse aus sicherer Distanz, und es kann nur darüber gemutmaßt werden, wie sehr sie ihn berührten. Immerhin waren es die Schriften Savonarolas, die ihn (neben Dante und Petrarca) bis ins hohe Alter begleiten sollten (AC 1943, S. 85). Zunächst verlängerte er seinen Romaufenthalt, denn es winkte ein renommeeträchtiger Auftrag des Kardinals Jean Bilhères de Lagraulas, vermittelt durch Jacopo Galli, in dessen Haus der *Bacchus* entstanden war. Die *Pietà* aus Marmor war für die Kapelle der Könige von Frankreich in Sankt Peter bestimmt, in der auch der französische Auftraggeber seine letzte Ruhestätte finden sollte.

Vgl. S. 61 ff. u. Abb. S. 52

Erst 1501 kehrte Michelangelo nach Florenz zurück. In Rom hatte er sich mit wenigen Werken einen Namen gemacht und hoffte nun darauf, wie Vasari schreibt, einen großen, verhauenen Marmorblock zugesprochen zu bekommen, der seit Jahrzehnten im Domhof lagerte und auf den er bereits früher ein Auge geworfen hatte. Ob die Debatte um den Block, von der ihm Florentiner Freunde berichtet haben sollen, der Grund für Michelangelos Rückkehr war (GV 1983, Bd. V, S. 277), ob Michelangelo, der sich in Rom immer wie ein Fremder vorgekommen war, die Regierung in Florenz nun als stabil genug empfand, um sich endlich nach Hause zu trauen, oder ob ihm in Rom einfach die Aufträge ausgingen, lässt sich nicht abschließend klären. Jedenfalls gewann er in Florenz mit dem auf Lebenszeit gewählten Gonfaloniere Piero Soderini einen bedeutenden Gönner. Es ging also auch ohne die Medici, zumal Michelangelo sich von Piero de' Medici im römischen Exil enttäuscht zeigte. Der Bildhauer hatte bereits Marmor für eine Skulptur gekauft, die der Medici wünschte, »doch ich habe die Arbeit nicht begonnen, da er sich mir gegenüber nicht so verhalten hat, wie er es versprach« (19. August 1497, MB 1957, S. 23).

Rückkehr nach Florenz

Aus dem verhauenen Marmorblock entstand der *David*. Mit dieser monumentalen Statue trat er in direkte Konkurrenz zu den David-Statuen Donatellos, die in Florenz das Maß für bildhauerische Vollendung darstellten. Wie Donatello schuf auch Michelangelo neben dem Marmor-David noch einen zweiten in Bronze. Und es gelang ihm tatsächlich, Donatello

Vgl. S. 63 ff. u. Abb. S. 67

vom repräsentativen Platz vor dem Eingang des Palazzo Vecchio zu verdrängen: Dort, wo Donatellos *Judith und Holofernes* gestanden hatte, wachte ab 1504 der Gigant des jungen Künstlers.

Als eher lästig muss der nun auch in seiner Heimat gefeierte Michelangelo einen Auftrag empfunden haben, den er bereits vor dem *David* angenommen hatte. Der Sieneser Kardinal Francesco Piccolomini – nach dem Tod Alexanders VI. 1503 bestieg er als Pius III. für nur 26 Tage den Papstthron – berief ihn nach Siena, um im dortigen Dom 15 Figuren für den Familienaltar zu schaffen, dessen imposante Struktur bereits durch Andrea Bregno (1418-1506) vorgegeben war. Auch dass er ausgerechnet zwei von Pietro Torrigiano begonnene Figuren fertig stellen musste, wird er als seiner unwürdig erachtet haben.

Im Dom von Siena

Wie kaum anders zu erwarten, erfüllte Michelangelo auch diesen Vertrag nur bruchstückhaft. Die lange Reihe unzufriedener Kunden und unvollendeter Werke fand ihre Fortsetzung auch in Florenz selbst, wo Michelangelo die Möglichkeit erhielt, unmittelbar gegen jenen Mann anzutreten, der ihm seinen Platz als bedeutendster Geist seiner Epoche bis heute streitig macht: Leonardo da Vinci.

In Konkurrenz zu Leonardo

Für die Sala dei Cinquecento des Palazzo Vecchio sollten zwei Schlachtenbilder entstehen, für die die beiden Großmeister Kartons herstellten. Leonardo widmete sich der *Schlacht von Anghiari*, während Michelangelo die *Schlacht von Cascina* zugewiesen bekam. Die Werke wurden, wie einst die Brancacci-Kapelle des Frührenaissance-Meisters Masaccio (Santa Maria del Carmine, Florenz), zur Pilgerstätte für Künstler und es sind »alle diejenigen, welche an jenem Carton ihre Studien machten und danach zeichneten, wie eine Reihe Jahre in Florenz von Fremden und Einheimischen geschah, in ihrem Berufe trefflich geworden« (GV 1983, Bd.V, S. 286). Es ist nicht verwunderlich, dass der Karton, der als Vorlagezeichnung im Maßstab 1:1 eher provisorischen Charakter hatte, bald von den Bewunderern zerstückelt und als Souvenir mitgenommen wurde. Dass Michelangelo ihn noch zur Ausführung seines Freskos brauchen würde, schien unwahrscheinlich. Die

> »Der treffliche Leonard da Vinci hatte ein Treffen der Reiterei unternommen, dabei einige Fahnen erobert werden, so göttlich gemacht, als man sich's nur vorstellen kann. Michel Agnolo dagegen hatte eine Menge Fußvolks vorgestellt, die bei dem heißen Wetter sich im Arno badeten; der Augenblick war gewählt, wie unverhofft das Zeichen zur Schlacht gegeben wird und diese nackten Völker schnell nach den Waffen rennen. [...] Es hingen diese Kartone, einer in dem Palast der Medicis, einer in dem Saale des Papstes, und solange sie ausgestellt blieben, waren sie die Schule der Welt. Denn obgleich der göttliche Michel Agnolo die große Kapelle des Papstes Julius malte, so erreichte er doch nicht zur Hälfte die Vortrefflichkeit dieses ersten Werks, und sein Talent erhob sich niemals zur Stärke dieser früheren Studien wieder.«
> (Benvenuto Cellini in seiner *Lebensbeschreibung* über den »Malerwettstreit« zwischen Michelangelo und Leonardo da Vinci; Cellini 1981, S. 33)

Reste des begonnenen Freskos von Leonardo wurden bei der Neuausmalung des Saals durch Vasari zerstört.

Obwohl die Bedrohung durch den Borgia-Papst ausgestanden und auch Piero de' Medici nur wenige Monate nach ihm gestorben war – jetzt zumindest vorübergehend ein entspannteres Leben in Florenz möglich schien –, hatte sich Michelangelo 1505 entschlossen, dem Ruf des neuen Papstes nach Rom zu folgen. Waren an den 26-Tage-Papst Pius III. Hoffnungen für eine Erneuerung der Kirche geknüpft gewesen, so frönte der dreifache Vater Julius II. wieder dem Nepotismus, dem übertriebenen Luxus und der Korruption. Nach den Borgia-Exzessen mag er allerdings vor allem Künstlern als Wohltat erschienen sein, denn er bediente sich der Größen seiner Zeit, des Architekten Bramante, des Malers Raffael, des Bildhauers Michelangelo und manch anderer, und knüpfte damit an die Tradition seines Onkels an, der als Sixtus IV. ebenfalls über die besten Künstler seiner Zeit im Bilde gewesen war und die Errichtung und Freskierung der nach ihm benannten Kapelle betrieben hatte. Der »Blutsäufer« (so Martin Luther 1520)

Ruf nach Rom

und rücksichtslose Machtmensch Julius II. jedenfalls ist ein hervorragendes Beispiel dafür, wie gut die Künste geeignet sind, sich selbst ein kultiviertes Image zu verleihen.

Condivis Lebensbericht suggeriert, dass sich Michelangelo in den letzten Monaten vor seiner Abreise nach Rom, fast wie in Wartestellung, mit Literatur die Zeit vertrieben hat. Er las »die heimatlichen Dichter und Redner« und schrieb »Sonette zu seinem Vergnügen [...], bis er nach dem Tode des Papstes Alexander VI. von Papst Julius II. nach Rom berufen wurde« (AC 1943, S. 29). Diese Interpretation ist in doppelter Hinsicht seltsam, denn zum einen vermittelt sie den Eindruck, der Künstler habe in Florenz nichts zu tun gehabt, zum anderen ist sie historisch falsch, denn Michelangelo wartete keineswegs nur den Tod des Papstes ab, sondern weilte auch darüber hinaus noch zwei Jahre in Florenz. Arbeitslos war er jedenfalls nicht, denn er hatte einen zweiten gewaltigen Auftrag, diesmal für zwölf Apostelfiguren, übernommen, die für den Dom von Florenz bestimmt waren. Dieser Auftrag wurde noch rudimentärer ausgeführt als der für den Dom von Siena. Es blieb bei der groben Bearbeitung einer einzigen Skulptur, des *Matthäus* (Accademia, Florenz).

Ist der Müßiggang, von dem Condivi erzählt, nur schwer nachvollziehbar, so ist es der, zu dem Michelangelo in Rom gezwungen war, um so besser, denn Julius II. della Rovere brauchte Monate, bis er Zeit für Michelangelo fand, und signalisierte ihm bereits damit seine unberechenbare Launen-

Aristotile da Sangallo (nach Michelangelo), *Schlacht von Cascina*, Holkham Hall, Norfolk

haftigkeit, der man sich zu unterwerfen hatte. Dann jedoch ersann er eine Aufgabe für Michelangelo, die ihn über vier Jahrzehnte beschäftigen sollte: sein Grabmal. Zunächst ging alles glatt. Der Entwurf, »der jedes antike und kaiserliche Grabmal übertraf« (GV 1983, Bd.V, S. 288), begeisterte den Papst, und Michelangelo reiste in die Marmorbrüche nach Carrara, um den geeigneten Stein zu besorgen. Nach mehr als acht Monaten kamen die ersten Blöcke in Rom an. Der Künstler, der vorausgefahren war, ließ sie auf den Petersplatz bringen, wo die Marmormassen die Neugier der Passanten erregten und den Papst gut gelaunt stimmten. Über eine eigens installierte Zugbrücke zum Atelier des Künstlers soll er Michelangelo bei jeder sich bietenden Gelegenheit besucht haben (AC 1943, S. 30). Dieser vertraute Umgang wurde von den anderen in Rom arbeitenden Künstlern genauestens registriert, und es ist nach allem, was über Neid und Intrigen unter Künstlern der Renaissance von Zeitgenossen zu Papier gebracht wurde, nicht abwegig, anzunehmen, dass Donato Bramante (1444-1514) den Papst gegen Michelangelo einzunehmen suchte. Julius II., dem es gelungen war, aus bescheidenen Verhältnissen kommend, Papst zu werden, durchschaute aber vermutlich solche Winkelzüge sofort.

Vgl. S. 37 ff., S. 79 ff. u. Abb. S. 82

Michelangelo war nach den ersten Entwürfen für das Grabmonument erst einmal eine kleine Ewigkeit in den Steinbrüchen verschwunden, und Bramante oder andere Konkurrenten nutzten diese Zeit nicht, um wirkungsvoll Stimmung gegen den Bildhauer zu machen, denn nach Michelangelos Rückkehr sprach der Papst noch immer mit ihm, wie »er es mit einem Bruder getan haben würde« (AC 1943, S. 30), auch wenn ihm hin und wieder die Geduld fehlte, den unsteten Schaffensschüben Michelangelos in seinem Studio zuzusehen. Der Papst wollte die Jahre, die ihm blieben, möglichst ökonomisch nutzen. Eine Kraft wie Michelangelo musste auf besondere Weise diszipliniert und effektiv eingesetzt werden, es ist daher naheliegend, dass sich der Papst eine fachliche Beurteilung Michelangelos von Seiten seines führenden Baumeisters Bramante einholte. Dass Julius II. sich jedoch von ihm das Ammenmärchen einreden ließ, es bringe Unglück, bereits zu Lebzeiten sein Grab errichten zu lassen, wie Condivi und Vasari berichten (AC 1943, S. 13; GV 1983, Bd. V, S. 299), deutet eher auf die Naivität der Autoren hin. Julius musste sich vielmehr fragen, wer für ihn ein solch gigantisches Grabmal errichten lassen würde, wenn nicht er selbst. Und dennoch änderte er seine Pläne.

Seine Disziplinarmaßnahme gegenüber Michelangelo war allerdings ein Fehlschlag. Der feinnervige Künstler, der überall Verschwörungen witterte und gern bei anderen die Schuld für seine eigenen Launen und Krisen suchte, wurde vom Papst brüskiert, der ihn von einem auf den anderen Tag nicht mehr vorließ und sich angesichts ausstehender Zahlungen für eine Marmorlieferung taub stellte. Natürlich konnte dahinter nur eine Verschwörung gegen Michelangelo stecken, gegen seine Kunst, sein Genie, sein Leben.

Flucht vor dem Papst ... Noch am Abend der Zurückweisung soll er die Pferde gesattelt haben. Erst als er sich außerhalb des päpstlichen Einflussbereiches, auf Florentiner Territorium in Poggibonsi, befand, wagte er zu rasten. Den päpstlichen Boten, die ihm nachgereist waren, erteilte er eine Abfuhr, denn von seinem Auftrag, das Grabmal des Papstes zu realisieren, sah er sich durch dessen Desinteresse entbunden. Es war Zeit für einen Schlussstrich unter dieses deprimierende und fruchtlose römische Jahr. Auf einen Brief seines Künstlerkollegen Giuliano da Sangallo (1443-1516), der ihm mitgeteilt hatte, wie sehr ihm der Papst seine Flucht verübele, reagiert er mit einer unausgesprochenen Verschwörungstheorie, die ihn zu der Ansicht gebracht habe, »mein Verweilen in Rom werde eher mir das Grab als dem Papst ein Grabmal bereiten« (MB 1957, S. 26). Sein Angebot an den Papst lautete, das Werk gegen Vorkasse binnen fünf Jahren in Florenz fertig zu stellen, nach Rom zu schicken und dort an einem dem Papst genehmen Ort in Sankt Peter aufzustellen. Zudem könne er in Florenz günstiger, besser und mit mehr Freude arbeiten.

Was Michelangelo in seiner Antwort außerdem anklingen lässt, deutet darauf hin, dass der Papst tatsächlich bei seinen Besuchen in der Künstlerwerkstatt Zweifel an der Arbeitsmethode des Meisters gehegt hat, denn Michelangelo möchte den Herstellungsort Florenz auch als psychologischen Vorteil verkaufen: Die wirklich fertigen Teile des Grabmals wolle er sukzessive zur Erbauung seiner Heiligkeit liefern. »Das wäre bestimmt besser, weil Sie dann ohne jeden Verdruß nur Vollendetes zu sehen bekämen.« (Ebd.) Vielleicht hatte der klarsichtige Papst Michelangelos Hang zum Unvollendeten bereits durchschaut.

In Florenz wusste Michelangelo die Mächtigen auf seiner Seite. Und doch bereiteten die wiederholten päpstlichen Schreiben, die, zunächst in schmeichelndem Ton verfasst, schließlich von der Regierung die Auslieferung des Künstlers forderten, Unbehagen. Piero Soderini war nicht daran gelegen, die diplomatischen Beziehungen zum Vatikan unnötig zu strapazieren. Trotz guten Zuredens, nach Rom wollte Michelangelo nicht reisen, um sich dort der Willkür des unberechenbaren Papstes auszuliefern, also erwog er, in die Dienste des osmanischen Sultans Bajezid II. zu treten, für den auch Leonardo tätig war, und nach Istanbul überzusiedeln. Soderini verfiel derweil auf eine andere Lösung, indem er Michelangelo als Florentiner Gesandten – mit entsprechender diplomatischer Immunität ausgestattet – nach Rom schicken wollte. Doch schließlich bot sich noch ein anderer, willkommener Kompromiss, denn Julius II. reiste im November 1506 nach Bologna, um die Stadt dem Kirchenstaat einzuverleiben und die Bentivoglio, die Bologna in einer der Medici-Regentschaft sehr ähnlichen Machtkonstruktion regiert hatten, zu vertreiben. Michelangelo trat dem Papst dort als ergebener Diener (bildlich gesprochen »mit dem Strick um den Hals« [MB 1957, S. 78]) entgegen, um Verzeihung für seine eigenmächtigen Entscheidungen bittend. Quasi zur Buße schuf er eine sitzende Monumentalstatue aus Bronze, für die er drei Monate angesetzt hatte, die ihn jedoch 16 Monate kostete: den mit Schwert bewaffneten Papst Julius. Sie bekrönte die Fassade von San Petronio, der Hauptkirche von Bologna auf der Piazza Maggiore, überlebte allerdings nicht die kurzzeitige Rückkehr der Bentivoglio 1511 – die politische Botschaft der Figur war in dieser Situation deutlicher als ihr künstlerischer Wert.

... und Versöhnung in Bologna

Ein Julius-Koloss aus Bronze

Sechzehn Monate in einer rumorenden Stadt, die auch noch von der Pest heimgesucht wurde, das war eine harte Strafe für den stets besorgten Michelangelo. Und so mag es ihm geradezu als Erlösung erschienen sein, als er ab März 1508 (nach einem Abstecher zu seiner Familie in Florenz) wieder in Rom sein durfte. Vom Grabmal jedoch wollte Julius II. nichts hören, denn mit Sankt Peter hatte er inzwischen ganz andere Pläne. Der gesamte Kirchenbau sollte auf seine Initiative hin von Grund auf erneuert werden und ihn verewigen. Ein Grabmal genügte nicht mehr. Michelangelo musste anderweitig eingesetzt werden, und da die Ausmalung der Decke der Sixtina neben Sankt Peter eines der ausstehenden Lieblingsprojekte des Papstes war, kam Michelangelo gerade recht. Erneut sträubte sich der Künstler, diesmal allerdings, ohne den Papst bis zum Äußersten zu reizen, und erneut spricht Condivi (AC 1943, S. 39) von einer Intrige Bramantes und auch Raffaels, der im

Vgl. S. 69 ff.
u. Abb. S. 72 / 73
u. S. 76 f.

»*Lernen.* – Michelangelo sah in Raffael das Studium, in sich die Natur: dort das Lernen, hier die Begabung. Indessen ist dies eine Pedanterie, mit aller Ehrfurcht vor dem großen Pedanten gesagt. Was ist denn Begabung Anderes, als ein Name für ein älteres Stück Lernens, Erfahrens, Einübens, Aneignens, Einverleibens, sei es auf der Stufe unserer Väter oder noch früher! Und wiederum: Der, welcher lernt, begabt sich selber, – nur ist es nicht so leicht, zu lernen, und nicht nur die Sache des guten Willens; man muß lernen können. Bei einem Künstler stellt sich dem oft der Neid entgegen, oder jener Stolz, welcher beim Gefühl des Fremdartigen sofort seine Stacheln hervorkehrt und sich unwillkürlich in einen Verteidigungszustand, statt in den des Lernenden, versetzt. An beidem fehlte es Raffael, gleich Goethe, und deshalb waren sie große Lerner [...]. Raffael verschwindet vor uns als Lernender, mitten in der Aneignung dessen, was sein großer Nebenbuhler als seine »Natur« bezeichnete: er trug täglich ein Stück davon hinweg, dieser edelste Dieb; aber ehe er den ganzen Michelangelo in sich hinübergetragen hatte, starb er.«
(Friedrich Nietzsche über die Konkurrenz zwischen Michelangelo und Raffael; Nietzsche 2008, S. 312 f.)

selben Jahr nach Rom kam: Was Michelangelo als Bildhauer zu leisten imstande war, hatte er bewiesen, nun wollten ihn seine Feinde als Maler scheitern sehen, ihn angesichts der gewaltigen Aufgabe in die Verzweiflung treiben. Vasari übernimmt diese reizvolle These in seiner zweiten Viten-Ausgabe (GV 1983, Bd. V, S. 300), doch ihr Wahrheitsgehalt ist wieder einmal zweifelhaft.

Michelangelo mag rückblickend an dieser Version mitgestrickt haben, denn er machte 1508 in Rom mit seinem Verfolgungswahn dort weiter, wo er vor seiner Flucht aufgehört hatte. Mitarbeiter ließ er grundsätzlich aus Florenz kommen, denn in Rom »findet man niemand, dem man vertrauen kann« (31. Juli 1508, MB 1957, S. 43). Dennoch lief es schlecht: »Ich habe seit fast einem Jahr nicht einen Groschen von diesem Papst bekommen«, klagte er am 27. Januar 1509 seinem Vater. »Ich verlange auch gar nichts, weil meine Arbeit nicht so vorangeht, als daß ich Anspruch darauf erheben könnte.« (MB 1957, S. 44) Unterdessen war, durch falsche Zusammensetzung des Putzes, das Fresko für den öffentlichen sakralen Repräsentationsraum des Papstes verschimmelt und der Künstler verzweifelt, während sein smarter Kontrahent Raffael nur wenige Meter entfernt frohgemut mit der Ausmalung der Privatgemächer, der sogenannten *Stanzen*, begonnen hatte. Sollte das Ganze tatsächlich eine Intrige gewesen sein, dann schien sie zeitweise von Erfolg gekrönt.

Michelangelo war zudem kein Teamarbeiter, sein Temperament und sein Misstrauen machten eine Zusammenarbeit fast unmöglich. Schon in Bologna hatte er zwei Gehilfen zum Teufel gejagt (1. Februar 1507, MB 1957, S. 32 f.), und als die Florentiner Maler, die er für die Arbeiten in der Sixtinischen Kapelle durch seinen Freund Granacci hatte anheuern lassen, nicht ganz so arbeiteten, wie es seinen Vorstellungen entsprach, schlug er ihre Werke von der Wand und sperrte sie ohne weitere Erklärung so lange aus, bis sie abreisten (GV 1983, Bd. V, S. 302 f.). Als kurz vor Julius' Tod (21. Februar 1513) dann doch noch die Gerüste abgebrochen werden konnten, herrschte bei Michelangelo Genugtuung, beim Papst Zufriedenheit und seine Konkurrenten schwiegen fürs Erste.

Zum Ruhme der Medici? (1512-1526)

Auf dem Sterbebett erinnerte sich Julius II. an sein Grabmal und an die Pläne Michelangelos. »Nicht nur im Leben wollte er sich seiner bedienen, sondern auch noch im Tode«, schreibt Condivi, und Michelangelo ließ sich tatsächlich »ein zweites Mal in die Tragödie des Grabmals ein« (AC 1943, S. 48-49). Ein Vertrag mit den Erbverwaltern wurde geschlossen, aber der neue Papst, Leo X. de' Medici, den Michelangelo seit Kindertagen kannte, hatte andere Pläne, die in einer noch größeren künstlerischen Tragödie enden sollten. Michelangelo wurde nach Florenz gesandt, wo die Medici im Jahr zuvor wieder die Macht an sich gerissen hatten. Um seine Familie machte er sich über Jahre aus der Ferne die größten Sorgen. Inmitten der politischen Wirren und kriegerischen Aktionen hatte sie offenbar sogar an eine Flucht aus Florenz gedacht (MB 1957, S. 48). Das Entsetzen über das Massaker der Spanier im nahe gelegenen Prato, die 1512 nach der Niederlage bei Ravenna gegen Venedig ein »Erfolgserlebnis« suchten und wochenlang folterten und plünderten, saß tief und der von den Spaniern erpresste Wiedereinzug der Medici in Florenz war für die Familie Buonarroti, die republikanisch fühlte, nicht ohne Risiko. Deshalb warnt Michelangelo seinen Lieblingsbruder Buonarroto auf für ihn sehr charakteristische Weise: »Darum lebt in Frieden und macht euch keinen zum Freund oder Vertrauten außer Gott. Sprecht mit niemand, weder im Guten noch im Bösen, denn man weiß nicht, wie die Dinge enden.« (MB 1957, S. 48) Zu versuchen, sich aus der Politik herauszuhalten, war eine Lehre, die Michelangelo aus den Ereignissen zog. Wie es enden konnte, wenn man sich zu deutlich exponierte, zeigte besonders eindrücklich das Beispiel Niccolò Machiavellis, der – Ironie des Schicksals – als Vordenker in Sachen Machtgewinn und Machterhalt und enger Vertrauter Soderinis nach der Rückkehr der Medici, auf ein ärmliches Landgut in der Toskana verbannt wurde.

Es war folglich im doppelten Sinne klug, sich dem Papst nicht zu widersetzen, denn einerseits galt es, sich eines so mächtigen Mitglieds der Medici-Familie zu versichern, andererseits ergab sich endlich die Gelegenheit, in Florenz nach dem Rechten zu

Neuer Papst – neues Unglück

sehen. Denn lange schon, das verraten seine Briefe, fühlte sich Michelangelo als das Familienoberhaupt, das die verzogenen und kleingeistigen Brüder, auch den geliebten Vater und später seinen Neffen mahnte und maßregelte. Aus der Ferne war das kein leichtes Unterfangen, denn zugleich versuchte er auf Distanz zu bleiben. Seine Briefe sind voll von verschobenen Besuchen, vertrösteten Verwandten, unverblümten Absagen. Michelangelo findet über Jahrzehnte Gründe, seine besuchswillige Familie abzuwimmeln. Es fehlt an Geld, an Platz, er ist krank oder hat zu viele Verpflichtungen. Auch die Jahreszeit kann schon mal für Besuche ungünstig sein. Stattdessen kommen schriftliche Lektionen. Giovansimone, der offenbar seinem Vater gedroht hatte, kündigte er 1509 Konsequenzen an (»Du bist ein Tier, und ich werde dich wie ein Tier behandeln« [MB 1957, S. 46]), dann zeigte er sich 1510 um den kranken Buonarroto besorgt (»Trefft jede Vorsorge, daß es nicht an Geld mangele, um ihm zu helfen« [MB 1957, S. 47]), trat 1512 Gerüchten entgegen, er selbst habe schlecht über die Medici gesprochen (MB 1957, S. 49 f.), und bezichtigte 1513 Buonarroto der Undankbarkeit: »Ihr habt mich nie gekannt und kennt mich auch heute noch nicht. Gott möge es euch verzeihen, denn seine Gnade hat mir die Kraft geliehen, daß ich nicht unter der Last zusammenbreche, die ich trage und getragen habe, damit Euch geholfen werde. Ihr werdet das schon einsehen, wenn Ihr mich einmal nicht mehr habt.« (MB 1957, S. 52)

Das Familienoberhaupt der Buonarroti

Nun konnte Michelangelo endlich, nach dem Kraftakt der Sixtinischen Kapelle, mit gemischten Gefühlen für längere Zeit nach Florenz gehen, um dort die Fassade der Medici-Familienkirche San Lorenzo zu gestalten. Das *Juliusgrab* wollte er nebenbei fertig stellen, wie es seinen römischen Vertragspartnern zugesichert worden war. San Lorenzo sollte, so hoffte der Künstler, nicht zu viel Kraft kosten, denn als ausführenden Baumeister engagierte er den Holzschnitzer und Architekten Baccio d'Agnolo.

San Lorenzo, vgl. S. 86 f.

Es verstrichen aber Jahre, die Michelangelo zunächst in den Marmorbrüchen von Carrara, dann in den neu zu erschließenden Marmorbrüchen von Pietrasanta, das zu Florenz ge-

In den Marmorbrüchen von Carrara und Pietrasanta

Medicikapelle,
San Lorenzo,
Florenz

hörte, zubrachte. In Carrara lagerten die Blöcke für den zweiten Anlauf zum *Juliusgrab*, den Marmor für San Lorenzo dagegen sollte er auf Befehl des Papstes in Pietrasanta brechen. Er sträubte sich vergeblich und musste schließlich seine Zeit als Planer für Hebevorrichtungen und als Straßenbauingenieur fristen, denn es fehlte dort an Infrastruktur, sachkundigem Personal und selbst an Wegen für den Abtransport. Trotz seiner Anwesenheit lief alles falsch, die Modelle, die er in Florenz unterdessen von Baccio d'Agnolo anfertigen ließ, bezeichnete er als »Kinderspielzeug« (MB 1957, S. 57), und der Marchese von Carrara war über die neue Konkurrenz in Pietrasanta erzürnt. Er betrachtete Michelangelo als Vertragsbrecher und blockierte die Auslieferung der Marmorblöcke für das *Juliusgrab*, während Michelangelo seinerseits vergeblich auf einen Vertrag mit dem Papst für die Fassade von San Lorenzo drängte und sich von den Vertragspartnern für das *Juliusgrab* unter Druck gesetzt sah.

Das Multitalent fühlte sich alt, am Boden zerstört und konnte keinerlei greifbare Ergebnisse vorweisen. Unterdessen war Der ewige Widersacher: Raffael, vgl. S. 115 u. S. 133 1514 nach Bramantes Tod sein größter Widersacher, Raffael, in Rom zum obersten Architekten des Vatikans aufgestiegen. Dieser arbeitete an der Hauptkirche der Christenheit, an Sankt Peter, während Michelangelo vor zerbrochenen Marmorblöcken im Dreck stand, einen Sumpf trockenlegte und

Leben

> »Er barg stolz den Mißmuth in seiner Seele. Nicht ein Wort, das auf ein verächtliches Herabsehen auf den glücklicheren Nebenbuhler schließen ließe, entschlüpfte ihm in seinen Briefen. Dafür waren seine Freunde und Anhänger in Rom desto eifriger beflissen, ihm alles erdenklich Schlechte und Ungünstige von Raffael zu berichten.«
> (Der Kunsthistoriker Anton Springer über das Verhältnis zwischen Michelangelo und Raffael; Springer 1883, S. 181)

für die römische Großbaustelle auch noch Steine liefern sollte (MB 1957, S. 60). Es gab Tote und Verletzte unter seiner Regie in Pietrasanta und einige Arbeiter begannen zu meutern (MB 1957, S. 65). Zugleich versuchte er, sich die Gunst des Papstes zu bewahren, denn der neue Stadtherr von Florenz, Alessandro de' Medici, war ihm nicht gewogen. Noch im März 1517 rang Michelangelo mit dem Modell für San Lorenzo, um dem Wunsch des Papstes nachzukommen. Ein Steinmetz sollte nun in Carrara ein Tonmodell fertigen, doch Michelangelo hatte bereits vorher Zweifel: »Ich weiß nicht, wie es geraten wird. Ich glaube, letzten Endes werde ich es doch selbst machen müssen.« (MB 1957, S. 57) Auch im August 1517 lag noch kein Vertrag mit Leo X. vor – wenig überraschend, denn es gab auch noch immer kein Modell (MB 1957, S. 58). Delegieren war nicht die Sache Michelangelos, er sah sich umgeben von Unfähigkeit und Niedertracht und er verzweifelte in Pietrasanta: »Oh, tausendmal verflucht seien Tag und Stunde, wo ich von Carrara fortzog! Das ist noch der Grund meines Ruins«, schrieb er 1518 an Buonarroto.

Der Vertrag, den er schließlich mit dem Papst aushandelte, bestand lediglich zwei Jahre. Es muss frustrierend und zugleich befreiend für Michelangelo gewesen sein, als er 1520 gelöst wurde. Wenige Wochen vor dem Tod Raffaels übrigens. So könnte man fast den Eindruck gewinnen, Michelangelo sei während Raffaels Tätigkeit als vatikanischer Chefkünstler gezielt aus Rom ferngehalten und zu weitgehender Untätigkeit verdammt worden. Ein paar wenige Skulpturen waren seit dem Tod Papst Julius' II. entstanden, nebenbei, wenn Mi-

Im Abseits

chelangelo gerade einmal nicht der Albtraum der Steinbrüche in Beschlag genommen hatte. Sein erstes großes Architektur-Projekt dagegen, die Fassade von San Lorenzo, endete im Desaster.

1521 war Leo X. 45-jährig plötzlich gestorben. Nach dem kurzen Interregnum Hadrians VI. Boeyens (1522-23), des niederländischen Inquisitors in spanischen Landen, brach das Jahrzehnt Clemens' VII. an, das den Kirchenstaat in seinen Fundamenten erschütterte und an dessen Ende eine Pilzvergiftung stand. Der uneheliche Sohn Giuliano I. de' Medicis, somit Vetter Leos X., war seit 1513 Bischof von Florenz gewesen und maßgeblich daran beteiligt, dass die Medici 14 Jahre später dort einmal mehr ihre Macht verspielten.

Vgl. S. 86 ff. u. Abb. S. 38 Noch zu Lebzeiten Leos waren Pläne entstanden, nach denen Michelangelo sich den Gräbern von Angehörigen der Florentiner Herrscherfamilie in der neu zu errichtenden Sakristei von San Lorenzo widmen sollte. Aber zunächst sah es ganz danach aus, als ob sich das Trauerspiel von San Lorenzo fortsetze. Nach Rom war die Kunde gedrungen, Michelangelo mache sich in Florenz ein geruhsames Leben, während das *Juliusgrab* auch in der inzwischen vertraglich reduzierten Fassung noch immer nicht fertig war. Papst Hadrian VI. hatte **Verklagt und gedemütigt** sich hinter die Julius-Erben gestellt, hatte mit Schadensersatzklagen gedroht und die verzinste Rückzahlung der geleisteten Vorschüsse gefordert. Michelangelo, der sich so schwer tat, eigene Versäumnisse einzugestehen, der sich bei jeder Gelegenheit selbst als großmütigen und hilfsbereiten Menschen anpries, der republikanische Gedanken hegte und zugleich unterwürfig Despoten nachreiste, steckte tief in einer Midlifecrisis. Er wollte sich von der Last des *Juliusgrabes* um jeden Preis befreien und traute sich dies nur auszusprechen, indem er sich sofort einem anderen unzuverlässigen Herrn unterwarf: Gelänge es Giuliano de' Medici II., ihn von den *Juliusgrab*-Verträgen zu entbinden, »so verspreche ich ihm, ohne jeden Lohn für ihn zu arbeiten, solange ich lebe«. Aber selbst dieser spontane Ausbruch der Selbstentmündigung wurde sofort wieder relativiert, denn es sei nicht etwa so, dass er das

Juliusgrab nicht vollenden wolle, er wolle nur noch viel lieber Giuliano zu Diensten sein (MB 1957, S. 76).

Bitterkeit spricht aus Briefen des Jahres 1524 an seinen Freund Giovan Francesco Fattucci, der ihn in den anstehenden langjährigen Prozessen vertreten sollte. Michelangelo klagte rückblickend über die Anwandlungen Julius' II. und führte all die Kosten auf, die ihm durch diesen schikanösen – nun bereits seit elf Jahren verstorbenen – Papst entstanden waren (MB 1957, S. 77-80). Inzwischen hatte er sich, statt seine Verhältnisse zu ordnen, ein weiteres Großprojekt aufgehalst: den Neubau der *Biblioteca Laurenziana*, der ihm noch mehr Grund gab, über das Florentiner Chaos zu lamentieren. Seinem Geld musste er weiterhin nachlaufen, musste in Erfahrung bringen, wer überhaupt die Vollmachten besaß, ihn zu bezahlen; zugleich zweifelte er – wieder einmal – daran, ob der Marmor überhaupt noch eintreffen würde. Und schon sehnte er sich zurück nach dem *Juliusgrab*, das er vielleicht doch vorrangig hätte behandeln sollen, anstatt die Auftraggeber weiter hinzuhalten, denn nun wurden sie ungemütlich. Und dann pochte auch noch die Steuerbehörde auf fällige Abgaben: »Immer muß man nur zahlen«, klagte der Künstler. »Man wird mir alles nehmen, denn ich weiß keinen Ausweg.« (MB 1957, S. 82)

Vgl. S. 86 ff.
u. Abb. S. 90

Zwischen den Fronten (1527-1535)

Der Fehler, sich in kritischem Moment wankelmütig auf die falsche Seite zu schlagen, hatte bereits Piero de' Medici die Macht in Florenz gekostet. Sein Vetter Clemens VII. wiederholte in Rom dieses strategische Ungeschick mit umgekehrten Vorzeichen. Als ihm der Einfluss des spanischen Königs Karl V. in Italien übermächtig zu werden drohte, schlug er sich auf die Seite der Liga von Cognac – Frankreich, Venedig, England, Mailand und Florenz –, worauf die Spanier in Rom wiederholten, was sie bereits 13 Jahre zuvor in Prato demonstriert hatten. Diesmal allerdings führte das Unternehmen nicht zur Wiedererlangung der Macht durch die Medici, sondern zu ihrem Sturz. Denn die Florentiner nutzten den Sacco di Roma, der aus dem Medici-Papst nach der Belage-

Der Sacco di
Roma und die
zweite Vertrei-
bung der Medici

rung der Engelsburg einen Flüchtling machte, der inkognito Rom verließ, um sich auch der Medici in ihrer Stadt zu entledigen. Die diplomatische Fehlentscheidung des Papstes forderte Zehntausende von Toten und hinterließ ein verwüstetes Rom.

Alessandro de' Medici, vermutlich unehelicher Sohn Lorenzos II. oder gar Papst Leos X. selbst, hatte seine Tyrannei in Florenz weit getrieben und »sich mehr Macht angeeignet, als eine freie Stadt, die sich als Republik regiert, erträgt« (AC 1943, S. 52). Dass diese neue Freiheit gefährdet blieb, wussten auch die Florentiner. Es war nur eine Frage der Zeit, bis der Papst in neuen Bündnissen zu neuer Macht kommen würde. Michelangelo wurde Festungsbaumeister der Republik. Sein besonderes Augenmerk galt dabei dem Hügel von San Miniato. Den Glockenturm der Kirche, auf dem zwei Geschütze standen (AC 1943, S. 53), polsterte er mit Matratzen, um die feindlichen Kugeln abzufangen, und stellte auch bei den Wällen ästhetische Gesichtspunkte ausnahmsweise ganz zurück: Über einem Geflecht aus Ästen türmte er Formsteine aus Abfall und Kuhmist auf (GV 1983, Bd. V, S. 325).

In Diensten der Republik Florenz

Sturz des Phaeton, British Museum, London

Die Konstruktionen hielten der Belagerung, die nicht lange auf sich warten ließ, stand. Die freundliche Aufnahme in Ferrara, wo er sich zuvor über Festungsbau und Verteidigung informiert hatte, wollte er dem Herzog Alfonso I. d'Este entlohnen, indem er in seinen freien Stunden für ihn eine *Leda mit dem Schwan* in Tempera malte, die dieser jedoch nie erhielt. Aus guten Gründen in aller Heimlichkeit, so Vasari, arbeitete Michelangelo zudem weiter an den *Medicigräbern* (GV 1983, Bd. V, S. 325). Nach außen setzte er sich ein für den Schutz der Republik, im Verborgenen arbeitete er an der Apotheose der feindlichen Familie, deren Rückkehr so viel Schrecken über die Stadt bringen sollte.

Welche Funktion billigte Michelangelo der Kunst zu? Sah er sie tatsächlich als übergeordnete, überpolitische Instanz, die in die flüchtigen Zeitläufte einen Hauch von Ewigkeit bringt? Manches deutet darauf hin, nicht zuletzt die Tatsache, dass er lebenslang damit befasst war, sich für irgendetwas zu rechtfertigen, jedoch niemals für seine Auftraggeber. Er scheint sie für die Fragen der Kunst als nebensächlich zu betrachten. Kunst steht für ihn über der Tagespolitik, wird von dieser lediglich behindert. Und mehr als das. Bei der Entfaltung der Kunst stören nicht nur Machtwechsel und Kriege, es stört die Kleingeistigkeit, der Geiz, der Neid, es stören diejenigen, zu deren Ruhm die Kunst entstehen soll. Letztlich stören alle Menschen, sofern sie nicht bedingungslos der Kunst huldigen.

Der allergrößte Teil seiner Briefe handelt vom Geld, über das er genauestens Buch zu führen scheint, denn noch nach Jahren hat er alle Summen parat, vor allem jene, die man ihm vorenthalten hat. Und doch sah er sich nicht als Krämerseele, verteidigte stattdessen bis ins Greisenalter seine Überzeugung, nie habe er seine Kunst unter wirtschaftlichen Gesichtspunkten betrieben, sondern immer als Freigeist, sei nur der Kunst verpflichtet gewesen, habe stets nur aus eigenem Antrieb gehandelt.

Der Künstler zwischen Geschäftssinn und Freigeist

Mit über 70 Jahren legte er seinem Neffen Lionardo seine Haltung offen: Wenn irgendein Bürger ein Altarbild wünsche, solle er zu einem Maler gehen, »denn ich war niemals Maler oder Bildhauer wie einer, der ein Geschäft daraus macht. Davor habe ich mich stets bewahrt, meinem Vater und meinen Brüdern zur Ehre, auch wenn ich drei Päpsten gedient habe, weil man mich dazu zwang.« (2. Mai 1548, MB 1957, S. 112) Michelangelo verteidigte sein Selbstbild vehement und wies jeden Verdacht, Handwerker zu sein, weit von sich, schon um die aristokratische Familienehre zu retten. Er ist stattdessen der Über-Künstler, der sich nicht dem Geld fügt, sondern lediglich vor der Macht kapituliert, er ist der Humanist, der sich einzig dem Zwang der Päpste beugt. Und diese Päpste haben ihn ruiniert.

Michelangelo litt unter dem eigenen Anspruch, unter seinem Ehrbegriff, darunter, dass man ihn, der doch seiner Selbsteinschätzung zufolge so frei war, selten das tun ließ, was er wollte. Hätte man ihn gelassen, so wäre alles reibungslos verlaufen. Doch ständig glauben andere, die Dinge besser regeln zu können. Die Grabdenkmäler der Medici ständen längst an ihrem Ort, längst könnte sich der Meister anderen Aufgaben widmen, Heimlichkeiten wären überflüssig, gäbe es nicht den Papst. Schon im Dezember 1523 hatte Michelangelo Clemens VII. in überraschender Deutlichkeit zu verstehen gegeben: »Wenn Eure Heiligkeit will, daß ich irgend etwas schaffe, so bitte ich Dieselbe, mir in meiner Kunst keinen Aufpasser vor die Nase zu setzen, mir vielmehr Vertrauen zu schenken und freie Hand zu lassen.« (MB 1957, S. 77)

In der Republik Florenz hatte er mit anderen Problemen zu kämpfen, die letztlich ebenfalls mit Vertrauen zu tun hatten. In seiner Heimatstadt war Michelangelo prominent, seine Verdienste wurden gewürdigt, aber auch sein misstrauischer und verschrobener Charakter scheint bekannt gewesen zu sein. Jedenfalls berichtet Condivi, die Signoria von Florenz habe auf eine Verschwörungstheorie, die er ihr 1529 vortrug, mit wenig Dankbarkeit reagiert. Er sei »ein furchtsamer und allzu argwöhnischer Mann« (AC 1943, S. 53), ließ sie Michelangelo wissen, ohne seinem Verdacht nachzugehen. Michelangelo folgte wieder einmal seinem Instinkt und setzte sich über Ferrara nach Venedig ab. »Ohne irgendeinem meiner Freunde auch nur ein Wort zu sagen, bin ich Hals über Kopf abgereist«, schreibt er an einen Vertrauten in der Heimat (MB 1957, S. 86). Sein Plan, weiter nach Frankreich zu ziehen, war immerhin so weit gediehen, dass er Erkundigungen über eine vernünftige Reiseroute eingeholt hatte, doch die Republik Florenz fühlte sich von ihm im Stich gelassen, forderte ihn zur Rückkehr auf, drohte, alle Abwesenden als Deserteure zu behandeln und ihren Besitz zu beschlagnahmen, und garantierte Michelangelo schließlich Unversehrtheit. Michelangelo kam tatsächlich, aus Liebe zum Vaterland und zu seinen Immobilien.

Auswanderungs-phantasien

Als der Papst mit dem spanischen König im Frieden von Barcelona handelseinig geworden war, der Kirchenstaat an die Medici und die Kaiserkrone im Gegenzug an Karl V. ging, war auch die Zeit für den Verrat von Florenz durch Malatesta Baglioni gekommen. Der Hauptmann aus Perugia trug durch seine Informationen zur militärischen Niederlage der Republik bei. Michelangelos Befürchtung bewahrheitete sich. Alessandro de' Medici, der in Florenz nun endgültig eine Schreckensherrschaft errichtete und, durch kaiserliches Dekret gestützt, die Signoria absetzte, ließ die oppositionelle Elite, darunter auch Freunde der Familie Buonarroti, beseitigen. Michelangelo tauchte unter. Der Pragmatiker Clemens VII., der, wie er selbst gerade eindrucksvoll belegt hatte, bedingungslose Bündnistreue für unangebracht hielt, ließ ihn suchen, um die *Biblioteca Laurenziana* und die *Medicigräber* fertig stellen zu können. Alessandro de' Medici, »wie jeder weiß, ein wilder und rachsüchtiger junger Mensch« (AC 1943, S. 56), hätte ihn »ohne Zweifel, wenn die Rücksicht auf den Papst nicht gewesen wäre, aus dem Wege geräumt« (AC 1943, S. 57). Die schützende Hand des Heiligen Vaters im entfernten Rom über sich, den Hass des Stadttyrannen unmittelbar im Nacken, machte sich Michelangelo wieder an die Arbeit. Was würde passieren, wenn Clemens ebenso überraschend sterben würde wie Leo X.? Als es so weit war und der Papst am 25. September 1534 das tödliche Pilzgericht zu sich nahm, »war es eine Fügung Gottes« (AC 1943, S. 57), dass Michelangelo nicht in Florenz weilte, sondern zwei Tage zuvor auf Wunsch des Papstes in Rom eingetroffen war, um in der Sixtina das Fresko des *Jüngsten Gerichts* zu planen.

Nachdem 1528 bereits sein Bruder Buonarroto an der Pest gestorben war, musste er im Sommer 1534 in Florenz auch den geliebten Vater zu Grabe tragen, den vitalen Mann, »der, ohne zu wissen, was ein Fieber ist, es auf zweiundneunzig Jahre brachte und mehr aus eigenem Entschluß als durch Krankheit starb« (AC 1943, S. 72). Eine Zäsur in Michelangelos Leben, die tief einschnitt und die er wortkarg in sich verschloss. Wie so oft, wenn ihn etwas wirklich bewegte, fand er dafür den innigsten Ausdruck in seiner Lyrik.

Im September verließ er Florenz für immer.

Terror
der Medici

Abschied von
der Heimatstadt

Ein langes Finale: Kampf und Tod in Rom (1535-1564)

Glaubt man Condivi, so trieben Michelangelo nach der Wahl Pauls III. Farnese – dessen klerikale Karriere sich maßgeblich dem Umstand verdankt, dass seine Schwester Giulia die Mätresse Alexanders VI. war – erneut Fluchtgedanken um, denn der Papst wurde beim Verweis des Künstlers auf seine vertraglichen Verpflichtungen gegenüber den Erben Julius II. ungehalten. Er mag tatsächlich daran gedacht haben, nach Genua zu gehen, um dort das *Juliusgrab* fertig zu stellen (AC 1943, S. 63), doch der etwa gleichaltrige Paul III. sollte sich letztlich als der Papst herausstellen, der am besten mit den Eigenheiten des Künstlers umzugehen vermochte. Er besuchte Michelangelo mit einer Schar Kardinäle in seinem Atelier zu einer Art Inventur, begutachtete das, was vorhanden war, und schmiedete neue Pläne. Am 1. September 1535 ernannte er Michelangelo zum obersten Künstler des Vatikans. Endlich schien man dem alten Mann freie Hand zu gewähren, und es sah so aus, als könne er nun den Toten beweisen, dass er den kräftigsten und längsten Atem besaß. Der Asket hatte sie alle überlebt, Bramante, »wie jeder weiß, aller Art von Vergnügen ergeben und ein großer Verschwender« (AC 1943, S. 31), den ewig jungen Raffael, der ihm nie das Wasser reichen konnte, da er

»Ich bitte Eure Hochwürdigste Signoria nicht als Freund und Diener, denn ich verdiene weder das eine noch das andere zu sein, sondern als ein niedriger, armer und närrischer Mann, veranlassen zu wollen, daß der Maler Bastiano Veneziano, da ja nun Raffael tot ist, einige Teile der Arbeiten für den Palast bekommt. Und wenn Eure Signoria meint, bei einem meinesgleichen sei das eine verschwendete Gunst, so denke ich doch, daß auch die einem Narren erwiesene Gefälligkeit bisweilen einige Reize spenden kann; so wie die Zwiebeln dem munden, der Kapaune satt hat und einmal etwas anderes essen möchte. Täglich erweist Ihr angesehenen Männern Gefälligkeiten. Ich bitte Eure Signoria, erweist auch mir eine.«
(Michelangelos erfolgloses Empfehlungsschreiben für Sebastiano del Piombo an den Kardinal Bibbiena in Rom vom Juni 1520; Koch 1957, S. 73 f.)

sein Talent »nicht von Natur, sondern durch langes Studium« besaß (AC 1943, S. 87), und Antonio da Sangallo (1483-1546), Neffe Giulianos, den er als Architekt immer schon verachtet und daraus keinen Hehl gemacht hatte.

Michelangelo war sich sicher, dass nie ein Künstler mit ihm zu tun hatte, »dem ich nicht von ganzem Herzen Gutes erwiesen hätte«, und er pochte stets darauf, dass eventuelle »Wunderlichkeit und Narretei«, die er an sich habe (und die er mit zunehmendem Alter auch für sein Privileg hielt), »doch höchstens mir allein schadet« (MB 1957, S. 80). Und in der Tat hat er sich aus Künstlerquerelen über Jahrzehnte weitgehend herausgehalten. In seinen erhaltenen Briefen äußert er sich während seiner Arbeit am *Juliusgrab* und der Ausmalung der Sixtina nicht zu etwaigen Intrigen und auch nicht zum Konflikt zwischen Raffael und Michelangelos Malerfreund Sebastiano del Piombo (1485-1547), sondern empfiehlt Letzteren lediglich nach Raffaels Tod als fähigen Meister zur Fertigstellung hinterlassener Werke. Erst spät, im Oktober 1542, als das *Juliusgrab* noch immer nicht in Angriff genommen war, dachte er zurück an die Wurzeln des Übels und an die vermeintlichen Neider Bramante und Raffael – »dieser Neid hat mich dem Ruin nahegebracht«. Nun kann sich Michelangelo, nach rund 35 Jahren, auch einen Nachsatz nicht verkneifen: »Und er hatte schon Grund, neidisch zu sein, dieser Raffaello, denn was er an Kunst besaß, hatte er durch mich.« (Oktober 1542, MB 1957, S. 106)

Michelangelo stand keineswegs über den Dingen. Seine Schmähungen gegen die Kollegen waren jedoch nicht intrigant, sondern sehr direkt. Sie begannen bei scharfzüngigem Spott – etwa wenn er gegenüber dem attraktiven Sohn des Malers Francia äußerte: »Dein Vater macht die lebenden Figuren schöner als die gemalten« (AC 1943, S. 89) – und endeten mit der Vernichtung ihrer Werke. Es muss eine Genugtuung für ihn gewesen sein, als er das, was Raffael als Architekt von Sankt Peter gebaut hatte, wieder abreißen lassen konnte, und es hatte den Beigeschmack von Rache, als er die zentralen Werke von Raffaels Lehrer Perugino herunterschlagen ließ, um in der Sixtina Platz für sein *Jüngstes Gericht* zu schaffen. Die sanfte Eleganz, die Peruginos Werk auszeichnet und die Michelangelo zuwider war, musste im doppelten Sinne der Gewalt weichen, der Gewalt des Hammers und der »brutalen Kraft« (Rolland 1922, S. 69) des neuen, monumentalen Freskos, das zwischen 1534 und 1541 entstand.

Rom, das war diesmal, für den Künstler in seinen späten Fünfzigern, auch eine ungewohnte emotionale Woge. Schon 1532 war er auf einer Romreise für den schönen, jungen und geistreichen Tommaso de' Cavalieri entbrannt, an den er Zeichnungen und Dichtungen sandte und über den er an Sebastiano del Piombo schrieb: »Ich bitte Euch, empfehlt mich ihm tausendmal, wenn Ihr ihn seht. Falls Ihr mir schreibt, berichtet mir ein wenig von ihm, damit ich ihn in Erinnerung behalte. Denn sollte er meinem Geist entschwinden, ich glaube, ich würde auf der Stelle tot umsinken.« (MB 1957, S. 89) Auch in anderen, wie Gherardo Perrini und Febo di Poggio, hat er jugendliche Schönheit besungen, aber die Freundschaft zu Cavalieri war außergewöhnlich und sollte bis zu Michelangelos Tod andauern. Ihm widmete er die emotionalsten Liebesgedichte und noch am Sterbebett stand Cavalieri ihm zur Seite.

Ein durchgängiges Thema von Michelangelos Liebesdichtung war die Qual. Amor erscheint als Sadist, der ihn bis an

Späte Liebe: Tommaso Cavalieri

»Jetzt macht Michelangelo in Rom eine Bekanntschaft, die seinem hinschwindenden Leben neue Impulse gibt. Er begegnet einem seiner Träume. [...] Niemand weiß, wie er aussah. Zwar war und blieb er der einzige Mensch, den Michelangelo gezeichnet hat, aber das Blatt ist verschollen, und so blieb die Kraft der Legende ungeschwächt, und der Nachgeborene ist frei, den schönsten jener Genien von der Decke der Sixtina auszuwählen, um sich den vorzustellen, den der Meister im Leben auswählte. Vielleicht ist etwas davon in seinem Namen Tommaso Cavalieri enthalten: vielleicht hatte er das Naiv-Fragende eines Tommaso und das Elegant-Ritterliche eines Cavalieri.«
(Der Schriftsteller Emil Ludwig über Michelangelos späte Liebe; Ludwig 1930, S. 85)

die Grenzen seiner enormen Leidensfähigkeit martert und falsche, unerfüllbare Versprechungen macht. »Du weißt, daß ich weiß, mein Herr, daß Du weißt / daß ich komme, um dich aus größerer Nähe zu genießen« (zit. n. Frommel 1979, S. 24), schrieb er an Cavalieri und ließ dennoch kaum Zweifel daran, dass er es bei der platonischen Liebe und der gemeinsamen Liebe zur Wahrheit und zu den Künsten belassen wollte. Condivi marginalisierte die Erotik in seiner Biographie so weit, dass nichts blieb als Michelangelos Freude an schönen Körpern, die er wiederum so weit ›versachlicht‹, dass sie letztlich auch nichts anderes ist als die Liebe zu schönen Dingen – »ein schöner Hund, eine schöne Gegend, eine schöne Pflanze, ein schöner Berg« (AC 1943, S. 86). Es war vernünftig, derart in Deckung zu gehen, solange der kalte Wind des Trientiner Konzils wehte, das mythologische Stoffe und antike Literatur ebenso ins Visier nahm wie voreheliche Geschlechtsverkehr oder platonische Liebe zwischen Männern. Was geschah, wenn man nicht vorsichtig war, zeigte das Exempel Benvenuto Cellinis, der mehrfach abgemahnt und schließlich 1557 zu vier Jahren Gefängnis wegen homosexueller Handlungen verurteilt wurde. Eine Zeit, die er, als Günstling der Medici, im Hausarrest verbringen und immerhin nutzen konnte, um seine berühmte Autobiographie zu diktieren.

Als Michelangelo Cavalieri kennenlernte, war die Situation noch eine andere – Sex zwischen Männern wurde im umgangssprachlichen Deutschen gar als »florentienern« bezeichnet (Beck 2001, S. 160). Der Künstler schickte Cavalieri Zeichnungen des Ganymed, des Titus oder eines Bacchanals, die sich leicht als Anspielungen auf sinnliche Ausschweifungen verstehen ließen. Genauer gesagt, bedarf es einiger Windungen, diese zeichnerischen Annäherungsversuche anders, wenn auch zweifellos im Sinne des alten Michelangelo zu deuten: Der Körper spielt zwar eine wichtige Rolle, aber es geht um die Seele, denn der Körper ist lediglich ihr Abbild, und so wird die physische Nähe – wenn auch nicht fühlend, so doch sehend – legitim. Sehr vertraut mit der Gedankenwelt Platons, lehnt Michelangelo die »niedrige« und »gemeine« Liebe zu den Frauen, demselben Gedankengang der See-

lenverwandtschaft folgend, ab, denn wahrhaft erhaben und
maskulin sei nur die Liebe zu den Männern: »Die Frau ist zu
andersartig, und es schickt sich schlecht für das weise und
männliche Herz, für jene zu glühen.« Zit. n. Frommel 1979,
S. 31) Anton Springer stand 1883 angesichts der Liebe Michel-

angelos zu Cavalieri »geradezu vor einem psychologischen Räthsel« (Springer 1883, S. 299). »So sehr es uns auch
widerstreben mag, wir müssen daran
festhalten, daß die an Tommaso ge-
richteten Briefe, Sonette und Madri-
gale in der That für diesen bestimmt
waren.« (Ebd., S. 300) Michelangelo
war einem »Freundschaftsparadoxis-
mus« verfallen, »einer Krankheit, welcher zwei Jahrhunderte später auch
Winckelmann unter ähnlichen Verhältnissen verfiel« (ebd.).

Der Blick auf die hinreißende Jugend
ließ den Künstler zugleich spüren, dass
er selbst betagt war. Die vierzig letzten
Jahre seines Lebens ließ er kaum eine
Gelegenheit aus, auf sein hohes Alter

**Michelangelos
Handschrift
mit einem
»Selbstporträt«
bei der Decken-
ausmalung der
Sixtinischen
Kapelle**

hinzuweisen, teils um seine Unzuverlässigkeit, Desillusionierung oder Bequemlichkeit zu entschuldigen, teils aber auch,
um sich selbst als schwaches Opfer sehen zu können. Er, der
hochgeehrte, weltberühmte Mann, liebte es, sich klein zu machen. Wurde er seinerseits in einem Sonett gepriesen, so wies
er das Lob sogleich zurück, und die Zurückweisung war mehr
als eine rhetorische Floskel. An den Florentiner Poeten Niccolò Martelli schrieb er 1542: »Ich sehe, Ihr habt Euch ein Bild
von mir gemacht, als sei ich so, wie ich nach Gottes Plan sein
sollte. Ich bin ein armer Mensch und von geringem Wert und
schleppe mich dahin und rackere mich ab in der Kunst, die
Gott mir geschenkt hat, nur um mein Leben zu verlängern, so
gut ich kann« (MB 1957, S. 97). Kunst als Elixier zur Lebensverlängerung und als Geschenk Gottes. Immer wichtiger wird
dieser christliche Gott, der an Amors Stelle tritt und Michel-

angelo auf seine Weise leiden lässt. Ursächlich ist die andere große Liebe, zu der er sich jenseits aller Körperlichkeit ganz in schwärmerische Verzückung steigern konnte: Vittoria Colonna, Marchesa von Pescara, Dichterin, allseits hochgeschätzte politische und religiöse Ratgeberin und nach dem Tod ihres heroisch erduldeten Ehemannes 1525 – sie war damals 35 – die perfekte Trauernde. Die Witwe, die an ihrer ewigen, fortan unerfüllten Liebe litt, verkörperte den idealen Konterpart zu Michelangelo, der seinerseits mit der Unerreichbarkeit seiner Objekte des Begehrens haderte und in seiner Dichtung den erlösenden Tod herbeisehnte. Vittoria Colonna, die tief gläubige und zugleich selbstbewusste Personifikation der Keuschheit, war dem Künstler so heilig, dass er 1547 der Sterbenden nur die Hand zu küssen wagte und nicht auch ihre Stirn oder das Antlitz (AC 1943, S. 83).

Platonische Liebe: Vittoria Colonna

Die Marchesa übte auf Autoren und Kirchenmänner ihrer Zeit großen Einfluss aus. Selbst durch ihren zehn Jahre jüngeren Freund Kardinal Reginald Pole – im Exil lebender Favorit des Vatikans für die Nachfolge Heinrichs VIII. auf dem englischen Thron – inspiriert, beflügelte sie Geister wie den Dichter Bernardo Tasso, den Historiker und Arzt Paolo Giovio (der sich auch an einer ersten Michelangelo-Biographie versuchte) und den Philosophen Agostino Nifo, der von ihr zu seiner Schrift *De vera vivendi liberate* angeregt wurde.

Der portugiesische Maler Francisco de Holanda (1517-1585) zeichnete 1538 die *Vier Gespräche über Malerei* unter Beteiligung Michelangelos und der Marchesa auf, die in aller Zurückgezogenheit stattfanden, während man in Rom die Hochzeit des 15-jährigen Ottavio Farnese mit der 16-jährigen Margarethe von Österreich, Witwe des gerade ermordeten Fürsten von Florenz, Alessandro de' Medici, pompös beging. Diese gepflegten Konversationen spiegeln die Gedankenwelt Michelangelos und Vittoria Colonnas. Wie diese Frau der Männerwelt mit Klugheit und selbständigem Denken die Stirn bot, muss den oft zaudernden Michelangelo auch jenseits religiöser Prinzipien beeindruckt haben. So besaß sie genügend Mut, sich entgegen der europaweiten Empörung mit Margarethe zu solidarisieren, als diese die Scheidung von Ot-

Vier Gespräche über Malerei

tavio Farnese forderte. Dabei nahm Vittoria Colonna in Kauf, dass sie sich gegen die Interessen der mächtigen römischen Familie stellte, der auch Papst Paul III. angehörte. Michelangelo wäre so weit nie gegangen. Bereits wenige Monate nach dem Tod der verehrten Frau lässt er seinen Neffen wissen, dass er aus Angst vor dem toskanischen Großherzog Cosimo de' Medici, der eine neue Verordnung gegen Republikaner verabschiedet hatte, in Rom mutmaßlichen Exil-Florentinern aus dem Wege gehe. Er erwägt sogar, auf der Straße ihren Gruß nicht mehr zu erwidern. Auch seinen Aufenthalt im Hause der Strozzi, der prominenten Medici-Gegner, während einer längeren Krankheit im Jahre 1546 leugnet er und ruft ganz Rom zum Zeugen, »daß ich immer allein bin, wenig ausgehe und mit niemandem spreche, vor allem nicht mit Florentinern« (22. Oktober 1547, MB 1957, S. 111). Er selbst zeichnet von sich das Bild des Einzelgängers, »die Liebe zur Arbeit und die beständige Beschäftigung mit der ernsten Kunst machten ihn einsam«, abgesehen von ausgewählten Freundschaften ließ ihn Gesellschaft unbefriedigt, was »von den einen für hochmütig, von den anderen für absonderlich und phantas-

Pietà, Petersdom, Rom

Leben

tisch gehalten« wurde. Doch darum kümmerte er sich wenig, »denn er war niemals weniger allein, als wenn er allein war« (AC 1943, S. 81 f.).

Das Bild, das von Michelangelo überliefert ist, ist das eines alten Mannes. Die überlieferten Porträts zeigen einen verwitterten Kopf und auch die Beschreibung seiner frühen Biographen vermittelt den Eindruck, als sei er niemals jung gewesen: sehnig und knochig, breitschultrig und von mittlerer Körpergröße, schmallippig mit kleinen Augen, die schwarzen Haare graumeliert, der Bart gegabelt.

Langsam wurde ihm die Arbeit tatsächlich mühselig. Dem Architekten Antonio da Sangallo d. J. (1483-1546) hatte Michelangelo sozusagen künstlerisch den Todesstoß versetzt, als er den Auftrag übernahm, den von Sangallo errichteten Palazzo Farnese mit einem Gesims zu bekrönen, das dem gesamten Bau einen ganz neuen Charakter verlieh. Doch der Geist Sangallos erwies sich als ausgesprochen zäh und entfaltete erst nach dessen Tod seine ganze subversive Kraft. Michelangelo brüskierte bei der Übernahme der Bauleitung für Sankt Peter, die Sangallo 26 Jahre lang innegehabt hatte, zunächst dessen bisherige Mitarbeiter, indem er ihre Entlassung ankündigte, denn er sah sich einem eingespielten System von Korruption gegenüber, das er, gestützt auf seine neue Autorität, gnadenlos offenzulegen gedachte. Doch die Zeit schien gegen ihn zu arbeiten. Vor allem die rechte Hand Sangallos, Giovanni di Bartolomeo Lippi, genannt Nanni di Baccio Bigio (ca. 1511-1568), entwickelte eindrucksvolle Strategien der Polemik und Sabotage. Michelangelo selbst bezeichnete sich ständig als alt und hatte sich zudem, so Vasari, gegen die Übernahme des Amtes mit der Begründung gesträubt, Architektur sei nicht sein Metier (GV 1983, Bd. V, S. 356). Nanni brauchte zunächst nichts weiter zu tun, als ihm Recht zu geben. Es gelang ihm, einflussreiche Kleriker und die Baukommission so weit gegen Michelangelo aufzubringen, dass diesen schließlich nur noch das Wohlwollen des Papstes retten konnte. Als Paul III. im November 1549 starb und Marcellus II. Cervini, der Zweifel hatte, dass der greise Künstler noch in der Lage war, die Zügel bei dem Projekt zu führen, sein Nachfolger wurde, war

Palazzo Farnese, vgl. S. 98 f. ...

... und Petersdom, vgl. S. 101 ff.

Michelangelo bereit, alles hinzuwerfen und nach Florenz zu gehen. Er fühlte sich betrogen, quälte sich, klagte darüber, dass er kein Wasser lassen könne, vermutete Nierensteine (15. März 1549, MB 1957, S. 112). Ein Segen, wenn schon nicht für die Kirche, so doch zumindest für ihn, war der schnelle Tod von Marcellus und die Wahl von Paul IV. del Monte, der seine Position beim Bau von Sankt Peter bestätigte.

> »Er ist vorzugsweise der im Großen rechnende Komponist. Vom Detail verlangt er nichts als eine scharfe, wirksame Bildung. Die Folge war, daß dieses unter seinen Händen ganz furchtbar verwilderte und später allen Bravourarchitekten für die gröbsten Mißformen zur Entschuldigung dienen konnte.« (Der Schweizer Kunsthistoriker Jacob Burckhardt in seinem *Cicerone*; Burckhardt 1953, S. 199)

Zugleich sah Michelangelo die Zeit gekommen, auch an sein eigenes Lebensende zu denken. Für sein Grabmal begann er **Eine *Pietà* für** mit einer *Pietà*, die ihn über Jahre begleitete. Sie zu vollenden, **das eigene Grab** so scheint es Michelangelo empfunden zu haben, hieße, bereit für den Tod zu sein. Ebenfalls tabu schien der Weg zurück nach Florenz, der gleichbedeutend war mit der Bereitschaft **Rufe aus der** zu sterben, auch wenn die Einladungen Cosimo de' Medi- **Heimat** cis drängender wurden. Seine große Aufgabe konnte er nicht dem Pack der Bauhütte von Sankt Peter überlassen.

Um ihn herum lichtete sich derweil seine Generation. 1548 starb sein Bruder Giovansimone, 1555 Gismondo und im Jahr darauf Francesco Amadori, der ihm 26 Jahre den Haushalt geführt und den er immer nur Urbino genannt hatte. Durch diesen Tod, schreibt Michelangelo an Giorgio Vasari, »ist mir eine kostbare Gottesgabe zuteil geworden, aber schwerer Schaden und unermesslicher Schmerz waren ihre Begleiter. Die Gabe bestand darin, daß er, der mich im Leben am Leben hielt, sterbend mich sterben lehrte, nicht mit Abscheu, sondern Sehnsucht zum Tode.« (23. Februar 1556, MB 1957, S. 120)

Parallel arbeitete er fieberhaft an der Krönung seines Lebenswerkes, der Kuppel von Sankt Peter, und vertröstete die

wartenden Florentiner Freunde und Bewunderer, die begannen, sich langsam auch Sorgen um Michelangelos römische
Besitztümer, Werke und Zeichnungen zu machen, die nach
seinem Tod leichte Beute von Dieben werden konnten. Doch
Michelangelo vermochte nicht loszulassen. Anstatt zu sterben, zerschlug er die *Pietà* und wehrte sich gegen die Reise
nach Florenz. Er müsse die Arbeiten so weit vorantreiben,
dass eine Planänderung nicht mehr möglich sei, schreibt er am
22. Juni 1555 an Vasari (MB 1957, S. 119), »denn ginge ich eher
fort, so setzte dies Ursachen zu einem vollständigen Zusam-
menbruch, zu einer großen Schande und zu einer schweren
Sünde«. Der 80-Jährige betrachtete sich als unentbehrliches
Werkzeug Gottes. Gott den Dienst zu verweigern wäre un-
entschuldbar sündhaft und hätte den Künstler möglicherweise in die Hölle gebracht. Und da Komplikationen auftraten,
die den Bau immer weiter verzögerten, wartete er am 31. Mai
1557 mit der gleichen, nun fast ein wenig gereizt klingenden
Nachricht auf, diesmal an Herzog Cosimo persönlich gerichtet: »Vor ungefähr drei Monaten, es kann auch etwas später
gewesen sein, ließ ich Euch wissen, daß ich den Bau von San
Pietro noch nicht im Stich lassen könne, ohne ihm schwer zu
schaden und mir Unehre einzubringen, und daß ich noch ein
Jahr brauche.« (MB 1957, S. 121) Es war sein Pflichtgefühl und
sein Ehrgeiz, aber auch die Tatsache, dass das Florenz Cosi-
mos nicht mehr sein Florenz war. Auch Benvenuto Cellini,
der ihn ebenfalls zur Rückkehr ermunterte, konnte seinerseits
nicht verhehlen, dass er den Tag, der ihn veranlasst hatte, nach
Florenz zurückzukehren, verfluchte (Cellini 1981, S. 428). Michelangelo berief sich auf seine Anstellung beim Papst, ließ
aber durchblicken, dass er den Versprechungen des Herzogs
nicht traute: »Auf einmal faßte er mich ins Auge und fragte
mit einem spöttischen Lächeln: Und Ihr, wie seid Ihr mit ihm
zufrieden?« (Ebd., S. 413)

Das Jahr, von dem er gegenüber Cosimo gesprochen hatte,
und ein weiteres verstrichen. Es zeigte sich, dass das Praktizie-
ren der Kunst zur Lebensverlängerung bis zuletzt die Sehnsucht nach dem Tod dominieren würde. Michelangelo arbeitete einfach weiter, erstellte zwar auf Drängen seiner Freunde

**Künstlerischer
Schaffensdrang
bis zuletzt**

Grundriss S. Giovanni dei Fiorentini,
Casa Buonarroti, Florenz

ein Modell für die Kuppel von Sankt Peter, um seine Vorstellungen über seinen Tod hinaus festzuschreiben, begeisterte sich aber 1559 noch einmal für eine ganz neue architektonische Herausforderung, die Errichtung der Kirche San Giovanni dei Fiorentini, für die er Entwürfe an Herzog Cosimo I. nach Florenz sandte. Kurz darauf begann er mit der Planung der Grabkapelle für Kardinal Guido Ascanio Sforza und 1561 mit den Arbeiten für ein römisches Stadttor, die Porta Pia. Er übernahm 86-jährig den Auftrag zur Umwandlung der Diokletiansthermen in die Kirche Santa Maria degli Angeli und war sich dabei bewusst, dass auch seine Neugestaltung des Kapitols noch bei weitem nicht abgeschlossen war. Wohl zu keinem Zeitpunkt seines Lebens hatte er so viele Aufträge gleichzeitig zu bewältigen.

Vgl. S. 98 ff.
u. Abb. S. 99

Der nahe Tod wurde mit Arbeit zugedeckt und für den Fall, dass Michelangelo gerade einmal nicht als Architekt für öffentliche Belange tätig war, stand in seiner Werkstatt noch eine letzte Pietà, die *Pietà Rondanini*, an der er bis wenige Tage vor seinem Tod gearbeitet haben soll.

Vgl. S. 125
u. S. 138 f.

Tod in Rom

Nach Florenz kehrte er erst als Leichnam zurück. Auf dem Totenbett hatte er den Wunsch bekräftigt, in seiner Heimatstadt begraben zu werden. Er starb am 18. Februar 1564 und sein Körper ging, wieder einmal heimlich, ein letztes Mal auf Reisen. Um Aufsehen zu vermeiden, schaffte man ihn »wie ein Kaufmannsgut in einem Ballen verpackt« fort (GV 1983, Bd. V, S. 439). An seinem Grabmal in der Florentiner Kirche Santa Croce, von Giorgio Vasari entworfen, trauern die Personifikationen von Malerei, Skulptur und Architektur. Den Marmor stiftete Herzog Cosimo I., das Künstlerhonorar bestritt Michelangelos Neffe Lionardo, den der Alte wie einen Sohn geliebt und zugleich bis zuletzt verdächtigt hatte, nur auf sein Erbe zu lauern. Auch wenige Monate vor seinem Tod sah sich Michelangelo von bösartigen Lügnern umgeben, die ihn bevormunden wollten und auch Lionardo in diesem Sinne zu beeinflussen suchten: »Es ist eine Horde von Schurken«, schreibt er am 21. August 1563 an seinen Neffen (MB 1957, S. 124 f.), »und Du bist so dumm, ihnen in meinen Angelegenheiten Glauben zu schenken, als wäre ich ein kleines Kind. Halte sie Dir vom Leibe, denn es sind Strolche, Neidhammel und bösartige Zeitgenossen […] Achte Du nur auf Dich und denke nicht weiter an meine Angelegenheiten, denn ich weiß mir schon zu helfen, wenn es nötig ist, und bin kein kleines Kind. Bleib gesund. Michelangniolo«.

Pietà Rondanini
(unvollendet)
Castello Sforzesco, Mailand

Werk

Die Madonna zwischen Faun und Bacchus

Madonna an der Treppe (Casa Buonarroti, Florenz, 1490-1492) – *Kentaurenschlacht* (Casa Buonarroti, Florenz, 1492) – *Bacchus* (Bargello, Florenz, 1496) – *Pietà* (Petersdom, Rom, 1498)

Betrachtet man die frühesten erhaltenen Werke Michelangelos, wird sehr anschaulich, dass er seine Wurzeln in der Kunst der Antike sah. Sowohl das kleine Relief der *Madonna an der Treppe*, das ihm zumeist zugeschrieben wird, als auch die *Kentaurenschlacht* erinnern an antike Grabreliefs. Die statische Madonna in scharf gezeichnetem Profil sitzt auf einem Block und birgt das Kind, das nur von hinten zu sehen ist, an ihrer Brust. Einige Putten machen sich im Hintergrund auf der Treppe, die als Himmelsleiter gedeutet wurde (zuletzt Zöllner 2007, S. 402), zu schaffen. Bereits Vasari bemerkt, dass es in der Manier Donatellos als »Rilievo schiacciato« (als gequetschtes, d. h. flaches Relief) gearbeitet ist (GV 1983, Bd. V, S. 267). Das in die Tiefe fluchtende Treppenmotiv findet sich sowohl bei ihm als auch bei Domenico Ghirlandaio, der in der Capella Tornabuoni (Santa Maria Novella, Florenz) zudem seiner Freude an gemalten Puttenreliefs freien Lauf ließ. Dass die Madonna hier an den Typus der Trauernden erinnert, wie er in der antiken Grabskulptur verbreitet ist, zeigt bereits die unverkrampfte Verschränkung, die Michelangelo zwischen antiker und christlicher Kultur sein Leben lang praktizierte. Auch inhaltlich ist die Assoziation der Trauernden für Maria, die die Zukunft ihres Sohnes vorausahnt, angemessen.

Die *Kentaurenschlacht*, so weiß Condivi zu berichten, entstand auf Anregung Angelo Polizianos. Es handle sich, so Condivi, um den Raub der Deianeira und den Kampf der Kentauren (AC 1943, S. 17). Vasari erkennt die Schlacht zwischen Herkules und den Kentauren (GV 1983, Bd. V, S. 266), jedoch könnte ebenso gut die Schlacht der Lapithen gegen die Kentauren intendiert sein. Auf der Hochzeit des Lapithenkönigs versuchten die alkoholisierten Pferdemenschen unter Führung

Vgl. Abb. S. 11

Kentauren-schlacht

Eurytions, sich der Frauen zu bemächtigen, was zum Kampf führte, in dem Theseus den Lapithen zu Hilfe kam.

Michelangelo hat das eher grob behauene Relief, angefüllt mit verschlungenen Körpern, so diffus gestaltet, dass nicht einmal mit letzter Gewissheit zu sagen wäre, ob dort überhaupt Kentauren dargestellt sind, geschweige denn, um welche konkrete Szene es sich handeln soll. Es scheint ein Kampf jeder gegen jeden, ein wirres Ornament aus Körpern, aus dem sich schwerlich eine Botschaft wie der Sieg des Geistes, der kultivierten Lapithen, über die tyrannische Gewalt der halbtierischen Kentauren herauslesen lässt. Daher liegt die Vermutung nahe, dass Poliziano dem jungen Michelangelo nicht nur die Mythologie nahebrachte, sondern auch Plutarchs *Vita des Perikles*, in der vom glatzköpfigen Phidias berichtet wird, der sich auf dem Schild einer Athena mit einem Stein in der Hand dargestellt habe. Michelangelo könnte mit der Figur am linken Reliefrand darauf Bezug nehmen. Dann wäre, wie es die unspezifische Ikonographie, die zu vielfältigen Deutungen einlädt, ohnehin nahelegt, sein Werk zuallererst als eine Hommage an den berühmtesten unter den antiken Bildhauern zu verstehen.

Die Kentauren-schlacht, Casa Buonarroti, Florenz

Von diesen Werken des vielleicht 17-Jährigen bis zur ersten lebensgroßen Freiplastik seines Œuvre etwa fünf Jahre später ist es ein weiter Schritt, der noch unglaublicher dadurch wird, dass Michelangelo in der Zwischenzeit mit den Figuren für San Petronio in Bologna ausgesprochen brave, ein wenig naive Werke ablieferte, die erkennbar von den Arbeiten des Frührenaissancemeisters Jacopo della Quercia (1374-1438) beeinflusst sind.

Bacchus, Palazzo del Bargello, Florenz

Der *Bacchus*, der, in Begleitung eines kleinen, lustvoll erregten und bockbeinigen Satyrs, angetrunken ein wenig die Körperkontrolle verliert und mit vorgestelltem Knie und zurückgenommenem Oberkörper um Nuancen aus dem klassischen Kontrapost ausschert, lebt von dieser in Stein verewigten Labilität und einer Androgynität, auf die bereits Vasari hingewiesen hat: »Dieser Bacchus ist eine Gestalt, bei der man merkt, daß der Künstler eine gewisse Mischung bewunderungswürdiger Züge gesucht hat, vornehmlich indem er ihm eine Schlankheit männlicher und die Rundung und Weichheit weiblicher Jugend gab.« (GV 1983, Bd.V, S. 273) Das Androgyne wurde durchaus als positiv aufgefasst und auch die leichte Trunkenheit des Weingottes ist wohl lediglich ein wertfreies Attribut ohne moralisierende Konnotation, wie sie Condivi etwas abstrus konstruiert: »Auf dem linken Arm hat er ein Tigerfell, welches Tier ihm geheiligt ist als eines, das die Reben sehr liebt; Michelangelo brachte dabei lieber das Fell an als das Tier, weil er andeuten wollte, daß, wer sich übermäßig von der Lust und der Begierde nach jener Frucht und ihrem Safte hinreißen läßt, zuletzt das Leben dafür einbüßt.« (AC 1943, S. 25) Andere meinten hier auch schon ein Löwen- oder Leopardenfell zu erkennen. Unzutreffend ist jedoch vor allem die Beschreibung des Blickes als »schielend und lüstern« (AC 1943, S. 24), die ebenfalls unterstellt, der Bildhauer habe einem abschreckenden Exempel der Trunksucht Gestalt geben wollen. Zum einen sprach Michelangelo, der in späteren Jahren seine Askese gern zur Schau stellte, selbst dem Wein zu – bis zuletzt wird er von seinem Neffen ausreichend mit Trebbianer versorgt (MB 1957, S. 127). Zum anderen lehrte Ficino, dass der Rausch des Bacchus zur Erleuchtung Eingeweihter führen könne. Schon Sokrates habe, so Platon im *Phaidros*, auf zwei Arten des Wahnsinns hingewiesen, »zum einen den aus menschlicher Krankheit, zum anderen den aus göttlicher Umwandlung des gewöhnlichen Zustands« (Kupper 2004, S. 44).

Michelangelos Skulptur, die erste lebensgroße Marmorskulptur eines heidnischen Gottes seit der Antike, ist formal jedoch (wohl auch aus Ermangelung an entsprechenden Funden bis in Michelangelos Zeit) ohne Vorbild im Altertum. Sein antiklassischer Ausdruck ist den Gralshütern des guten Geschmacks aufgefallen, die den *Bacchus* »durch die bizarre Stellung gründlich ungenießbar« (Burckhardt 1953, S. 401) als ein »beinahe widerliches Abbild menschlicher Schwäche« (Rolland 1922, S. 166) aburteilten. Der dargestellte Kontrollverlust ist präzise kalkuliert, und doch vermittelt er den Eindruck, auch der Künstler könnte ihn gutheißen oder gar an der Enthemmung partizipieren. Das macht den *Bacchus* zur erotischsten Figur Michelangelos, schockierte vor allem im 19. Jahrhundert und man mag nicht an einen Zufall glauben, dass die Penisse beider Figuren abgeschlagen sind.

Ein Werk von ähnlich perfekter Glätte, aber mit einer gänzlich anderen Form der labilen Entspannung, ist die *Pietà*. Eine junge Frau hält den erschlafften Körper eines jungen Mannes auf dem Schoß, der ihr jeden Augenblick von den Knien zu gleiten droht. Mit dem rechten Arm umfasst sie ihn und blickt mit gesenkten Lidern auf seinen Bauch herab, er dagegen hat das Gesicht zum Himmel gerichtet. Beide Gesichter umspielt ein feines, friedliches Lächeln. Er ist nackt bis auf ein schmales Tuch um die Hüften, sie ist verhüllt bis auf Gesicht und Hände. Ist der *Bacchus* eine Freiplastik mit überraschend unterschiedlichen Ansichten, so hat Michelangelo die *Pietà*

Vgl. S. 27 u. Abb. S. 52

für eine flache Nische mit fast senkrecht einfallendem Licht konzipiert. Der Harmonie der Gruppe, mit Köpfen »von einer reinen Schönheit, die Michelangelo später nie wieder erreicht hat« (Burckhardt 1953, S. 399), stehen die Kontraste von Licht und Schatten, Haut und Stoff, Tod und Leben gegenüber. Zugleich suggerieren die beim Abschreiten eines Halbkreises um die Skulptur sich wandelnden Ansichten fast den Eindruck einer Bewegung der Marmorfiguren.

Vor allem in Deutschland als sogenanntes Vesperbild verbreitet, ist die Darstellung Marias als Mater dolorosa mit dem Leichnam ihres Sohnes im Schoß – zumindest in der Skulptur – für Italien ausgesprochen ungewöhnlich und geht auf den Auftraggeber, Kardinal Jean de Villiers, zurück. Für 455 Golddukaten, so heißt es im Vertrag vom August 1498, war binnen eines Jahres eine lebensgroße Marmorpietà, das heißt eine bekleidete Jungfrau mit einem toten Christus im Arm, durch Michelangelo für die Kapelle der französischen Könige in Alt-Sankt-Peter zu liefern. Die sanfte Schönheit der beiden Gestalten, die, fern jedes Naturalismus, wie ein jugendliches Liebespaar wirken, entsprach den Überzeugungen Michelangelos, dass wahrhaft große Kunst nichts übertrieben Emotionales, nichts Sentimentales besitzen dürfe, nichts, das Frommen Tränenströme entlocken könnte, denn gute Kunst »ist nichts anderes als die Nachahmung göttlicher Vollkommenheit« (MB 1957, S. 169).

Natürlich blieb, neben vielem Lob, auch hier die Kritik nicht aus. War der *Bacchus* den einen zu genau nach der Natur gearbeitet, so ging anderen die Idealisierung der *Pietà* zu weit. Der alte Michelangelo jedoch erläutert sie auf Nachfrage Condivis. »Weißt du nicht, daß die keuschen Frauen sich viel frischer erhalten als die unkeuschen? Um wieviel mehr eine Jungfrau, der niemals die kleinste lüsterne Begierde beigekommen ist, die den Körper entstellen könnte?« (AC 1943, S. 26)

Diese Haltung Michelangelos ist vermutlich nicht einer Altersreligiosität geschuldet, denn die Theorien über und das persönliche Streben nach Keuschheit begleiteten ihn seit den Zeiten der Platonischen Akademie. In der Maria der *Pietà* vereinen sich so Katholizismus und die Gedankenwelt Marsilio Ficinos, der die Auffassung vertrat, Geschlechtsverkehr sei der übelste Feind des klaren Gedankens. Sexualität also ist es, die den Körper entstellt, schneller altern und verfallen lässt. Sexualität wird damit nicht nur zum Feind des Denkens, sondern auch der Schönheit.

> »Sah Lucrezia den jungen Künstler, den späteren Freund der edlen Vittoria Colonna, welche das schöne Gegenbild von ihr werden sollte? Wir wissen es nicht, doch wir bezweifeln es nicht. Mit der Neugier des Künstlers und des Menschen wird Michelangelo den Anblick der anmutigsten Frau von Rom gesucht haben.
> Unter den Eindrücken der Tragödien des Hauses Borgia, wie der Ermordung Gandìas, welche er in Rom erlebte, arbeitete Michelangelo an dem seltsamen Werk, welches zuerst die Blicke der Stadt auf ihn lenkte. Es war das die Gruppe der Pietà, die ihm jener Kardinal aufgetragen hatte. Er vollendete dieselbe im Jahre 1499, als auch der große Bramante nach Rom kam. Man muß diese Gruppe auf dem Hintergrunde der Zeit der Borgia betrachten: da hebt sich erst die Pietà in ihrer idealen Bedeutung hervor, und sie erscheint in dieser moralischen Finsternis wie eine reine Opferflamme, die ein großer und ernster Geist im geschändeten Heiligtum der Kirche entzündet hat. Vor dieser Pietà stand auch Lucrezia, und dieses Kunstwerk konnte die unglückliche Tochter eines lasterhaften Papstes zu tieferen Empfindungen erregen, als die Rede ihres Beichtigers oder die Ermahnung der Äbtissin von S. Sisto ihr mitzuteilen imstande waren.«
> (Der Historiker und Schriftsteller Ferdinand Gregorovius über die *Pietà* Michelangelos; Gregorovius 1991, S. 119 f.)

Wachsam und frei
Der *David* (Galleria dell'Accademia, Florenz, 1501-1504)

Vgl. S. 27 f. u. Abb. S. 67

Wie alle Werke Michelangelos stieß auch der *David* auf ein geteiltes Echo. Die erste Begegnung Piero Soderinis mit der Skulptur hat Karel Schulz in seinem Michelangelo-Roman glaubhaft erfunden: »Soderini erblickte die Statue und schwieg erstaunt. Dies war etwas völlig anderes, als er er-

wartet und jemals gesehen hatte. Zuerst vermißte er vieler-
lei Dinge. Den Kopf des Goliath, das Schwert, das Lächeln
des Siegers. Dieser große nackte Jüngling konnte so manchen
Namen tragen, es mußte nicht gerade David sein.« (Schulz
1960, S. 448) Die Ratlosigkeit des Regierungschefs ist heute,
da der *David* als Prototyp männlicher Schönheit etabliert ist,
schwer nachzuvollziehen, jedoch widerspricht die Darstellung tatsächlich von Grund auf dem Bild des halbwüchsigen
Siegers, wie es durch Donatello und Andrea del Verrocchio
in der Florentiner Skulptur vorgeprägt war und auch nach
Michelangelo weiter tradiert wurde. Die Vorstellung, dass es
sich bei David um einen Jungen handeln muss, dominierte
auch die Auffassung Jacob Burckhardts noch so massiv, dass
sein sonst geschärfter Blick versagte. Statt des klar definierten,
dezent muskulösen Männerkörpers mit expressiven Händen,
an denen unter der Anspannung die Adern hervortreten, sah
er nur einen kolossalen Jüngling. Er behauptet gar, Michel-

»Es ist nicht schwer zu verstehen, warum der schönste Mann
der Welt, das perfekte Symbol heterosexueller Männlichkeit,
zugleich eine schwule Ikone ist. Deshalb hat er auch das Interesse so großer zeitgenössischer Künstler erregt wie Andy War-
hol.
Folglich lässt sich sagen, dass der David auch ein Symbol der
Mehrdeutigkeit ist, daran erinnernd, dass Mehrdeutigkeit,
Pluralität und Ambivalenz charakteristische Merkmale der Moderne sind, wie Vasari sie versteht, wenn er mit dieser Skulptur den Beginn ›unserer‹ Kunstgeschichte ansetzt.
Wir können außerdem paradoxerweise sagen, dass der wahre
David nicht existiert, dass er sich in sich widerspricht durch
seine sublime Mehrdeutigkeit, dass er verdunkelt und verzerrt
wird durch seine Überbelichtung in den Massenmedien bis zu
einem Punkt, an dem jeder sich seinen David selbst gestalten
kann, geformt aus Erinnerungen, Gefühlen, Lebenserfahrun-
gen, philosophischen und religiösen Idealen.
(Der Kunsthistoriker und Direktor des vatikanischen Museums
in Rom, Antonio Paolucci, in seiner Interpretation des *David*;
Paolucci 2006, S. 14)

angelos Fehler liege darin, dass er einen Knaben als Modell verpflichtet habe, und belehrt den Leser, dass sich »aber nur erwachsene Personen passend vergrößern« ließen. Schließlich scheint er der Souvenir-Industrie das Wort zu reden, die *David* en miniature vermarktet, wenn er schreibt: »Durch ein Verkleinerungsglas gesehen, gewinnt der David ungemein an Schönheit und Leben.« (Burckhardt 1953, S. 401)

Michelangelo hat die Reduktion bis zum Äußersten getrieben, so dass konsequenterweise die Figur in der Folgezeit von ihrem biblischen Bezug losgelöst nur als »der Gigant« bezeichnet wurde. Von allen Attributen des David ist nichts geblieben als eine Schleuder, die sich hinter seinem Rücken verbirgt. Ihrer Spannung entspricht eine ambivalente Spannung der ganzen Figur. Selbstbewusst und konzentriert blickt David geradeaus, er ist keineswegs der Sieger, sondern lediglich der aufmerksame Beobachter. Sein seltsames Gesicht zerfällt dabei in zwei Hälften: Der unteren mit weichem Kinn und kleinem Schmollmund steht eine obere mit energisch zusammengezogenen Augenbrauen über großen Augen entgegen. Sinnlichkeit und Energie sind hier auf eigenwillige Art gepaart und durch eine kurze, zeitlose Lockenfrisur eingerahmt.

Bereits ein Jahrhundert vor Michelangelo bestand der Plan, die Strebepfeiler des Doms mit Statuen zu bekrönen. Damals war Donatello beauftragt worden, doch ihm gelang es lediglich, eine Terrakotta-Figur, einen Propheten Josua, fertig zu stellen. Der Donatello-Schüler Agostino di Duccio hatte sich dann 1463-1466 erfolglos an einer zweiten Statue versucht, diesmal in Marmor. Zehn Jahre später nahm sich Antonio Rossellino (1427-1478) nochmals des Marmorblocks an, doch erst 1501 wurde der unglücklich begonnene Stein zur Begutachtung durch Experten wieder hervorgeholt. Angeblich hätten sowohl Leonardo da Vinci als auch Andrea Sansovino zunächst Interesse bekundet (Weddingen 1996, S. 80 f.), aber nur Michelangelo habe letztlich den Mut besessen, ohne Anstückelungen aus einem hundertjährigen Marmorblock (AC 1943, S. 27) das Bild jugendlicher Männlichkeit zu befreien.

Angesichts der Qualität des Ergebnisses und der Botschaft, die sich mit dem *David* verknüpfen ließ, verwarf man rasch den ursprünglich geplanten Aufstellungsort. Als äußeres Zeichen innerer Erneuerung der maroden Republik Florenz besaß der Gigant ein Potential, das deutlich über den sakralen Kontext hinausreichte. Eine bessere Personifikation der Tugend, wie sie nun von Florenz in den politischen Wirren Italiens gefordert war, ließ sich kaum denken. Gegen die übermächtigen fremden Gewalten, in deren Abhängigkeit die italienischen Kleinstaaten geraten waren, bedurfte es entschlossener Wachsamkeit. Ein Gremium der bedeutendsten Kulturverantwortlichen der Stadt beriet über seine Aufstellung. Zunächst wurde die Loggia dei Lanzi vorgeschlagen, wo die Skulptur gut sichtbar und geschützt gestanden hätte. Doch letztlich entschied man sich für den auch von Michelangelo bevorzugten Platz direkt vor dem Palazzo Vecchio, dem Sitz der Signoria.

David als Symbol der Republik ...

Der Triumph war vollkommen und der Künstler, der sich bislang lediglich in Rom einen Namen machen konnte, erlangte auch in Florenz über Nacht Berühmtheit. Bereits 1508 wurde ein zweiter, noch größerer Marmorblock geordert. Michelangelo sollte als Pendant zum *David* einen *Herkules* schaffen. Wie David den Goliath, erschlug Herkules den Cacus, einen Rinderdieb, der nach Vergils *Aeneis* ebenfalls ein Riese war und als Sohn des Vulkan Schrecken verbreitete. Es vergingen Jahre, in denen Michelangelo nicht dazu kam, die Statue auszuführen. Bis 1525 lagerte der Block unbehauen und weckte Begehrlichkeiten anderer Bildhauer. Baccio Bandinelli (1488?-1560), ein Meister mit besonderem Blick für den Männerkörper, unternahm mehrere Anläufe, um den Block zu bekommen. Zweimal schuf er die Herkules-Cacus-Gruppe zur Probe, einmal als unterlebensgroßes Modell, ein zweites Mal als Monumentalplastik in Stuck aus Anlass des Einzugs von Papst Leo X. in Florenz. Als Bandinelli den Marmor schließlich von den neuen Machthabern, dem Michelangelo-Feind Alessandro de' Medici, zugesprochen bekam, hatte sein Werk keine Chance mehr auf eine objektive Beurteilung. Die Überheblichkeit des Künstlers in Verbindung mit einem eher stei-

... und sein Gegenstück: *Herkules*

Werk

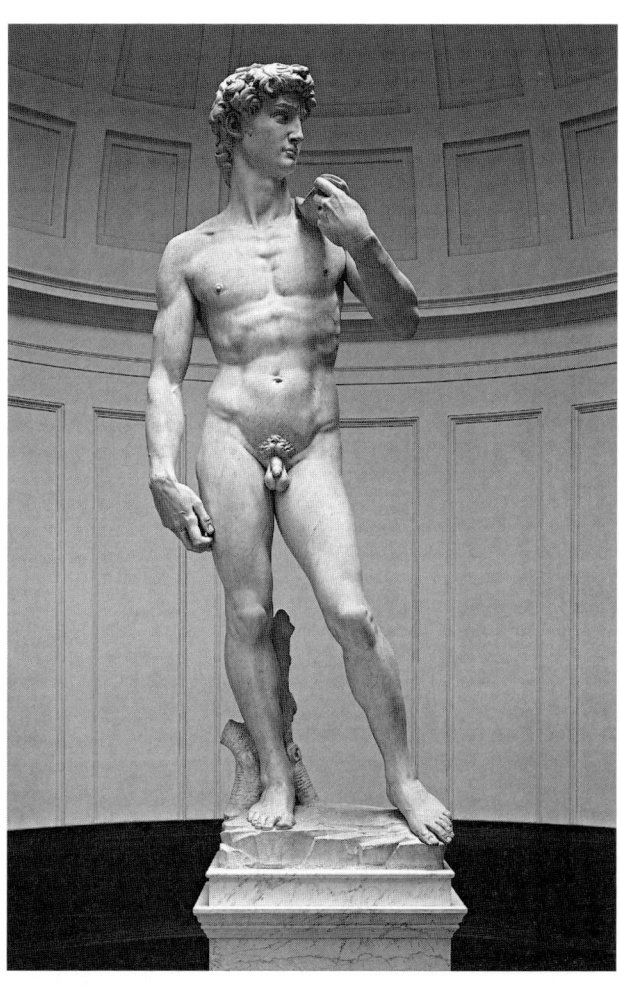

David, Galleria
dell'Accademia,
Florenz

fen und schwerfälligen Ergebnis führte dazu, dass sein Werk
die »meistverachtete Skulptur ihrer Zeit – und vielleicht auch
der Kunstgeschichte« wurde (Weddingen 1996, S. 85). Nach
der Fertigstellung 1534 soll die Empörung zu Tumulten geführt haben.

Es birgt eine gewisse Tragik, dass das ambitionierteste Werk
des sonst außerordentlich talentierten Bandinelli zugleich sein

schwächstes werden sollte. Doch Bandinelli selbst erkannte dies nicht, sondern zweifelte an der Urteilsfähigkeit der kritischen Betrachter. »Als ich meinen Herkules und Kakus aufdeckte«, zitiert ihn Benvenuto Cellini, »wurden mir gewiß über hundert schlechte Sonette darauf gemacht, die das Schlimmste enthielten, was man von einem solchen Pöbel erwarten kann.« Beim folgenden Schlagabtausch mit Bandinelli in Gegenwart des Herzogs, ergreift Cellini auf seine naiv-direkte Art Partei für Michelangelo, verteidigt die Scharfsichtigkeit der Bürger, plädiert für das Studium des menschlichen Körpers und benennt rücksichtslos die Fehler der Herkules-Skulptur: der Kopf zu klein, um ein Hirn zu fassen, das Gesicht wie das eines »Löw-Ochsen«, die Brustmuskeln wie Me-

lonensäcke, die ganze Figur nach vorne fallend, die Arme plump nach unten gestreckt, als habe der Bildhauer niemals lebendige nackte Menschen gesehen. Bandinelli ist außer sich. »Da er nun das herzögliche Gesicht und die Gesichter der anderen ansah, die ihn mit Blicken und Mienen zerrissen, ließ er sich zu sehr von seiner Frechheit hinreißen, kehrte sein häßliches Gesicht gegen mich und sagte mit Heftigkeit: O schweige still, du Sodomit!« (Cellini 1981, S. 394-396)

Bis heute stehen *David* (inzwischen als Kopie) und *Herkules* gemeinsam vor dem Tor des Palazzo Vecchio. Und eklatant vermittelt sich im direkten Vergleich, was Bandinelli »an Michelangelo bewundern

Baccio Bandinelli, *Herkules erschlägt Cacus*, Piazza della Signoria, Florenz

mußte und wie er ihn mißverstand. Er glaubte ihm die mächtigen Formen absehen zu können und machte ihm auch die Kontraste nach, so gut er konnte; aber ohne alles Liniengefühl und ohne eine Spur dramatischen Gedankens, wozu doch der Gegenstand genugsame Mittel an die Hand gab; es ist eines der gleichgültigsten Skulpturwerke der Welt.« (Burckhardt 1953, S. 407)

»Tot oder lebendig. Wir brauchen Helden. Und das Heroische. Erhabenheit verlangt nach Heroischem. Und natürlich kommen wir nicht ohne unsere Feinde aus, denn ohne Feinde können wir keine Helden erfinden. Im Hinblick auf Michelangelo heißt das: Er wusste zwei Dinge. Erstens, dass der Held, jung und sexy, am längsten überlebt, wenn er in Kunst gefriergetrocknet wird. Und zweitens, dass nur das Überwältigende und Spektakuläre des Monumentalen diese Aufgabe erfüllen.«
(Der amerikanische Künstler Robert Morris über den *David*; Cora 2004, S. 18)

»Was *ein* Mensch vermag«
Die *Sixtinische Kapelle* (Vatikan, Rom, 1508-1512)

Statt der *Zwölf Apostel*, die der Bildhauer Michelangelo für den Florentiner Dom nach Fertigstellung des *David* eigentlich schaffen sollte, erhielt der Maler Michelangelo von Papst Julius II. 1508 den Auftrag, die Gewölbeflächen der Sixtinischen Kapelle zwischen den Stichkappen der Fenster mit zwölf Aposteln zu schmücken. Einen der Florentiner Apostel, den *Matthäus*, hatte er bereits begonnen und so weit aus dem Stein herausgearbeitet, dass er wie ein Relief plastisch hervortrat. Die neue römische Aufgabe gab Michelangelo nun genügend Anlass, sich mit dem ästhetischen und technischen Verhältnis zwischen Skulptur und Malerei auseinanderzusetzen, und es wird deutlich, dass er anlässlich der Sixtina jene Gedanken entwickelte, die er vierzig Jahre später niederschrieb: Malerei und Bildhauerkunst seien, da sie demselben Zweck dienten, auch ein und dasselbe. Daher bleibe es von Bedeutung, dass Maler und Bildhauer auch die jeweils andere Kunst praktizierten. Lange allerdings habe er die Auffassung vertreten, dass die Bildhauerei der Malerei überlegen sei. Lange habe er die Bildhauerkunst »für die Leuchte der Malerei und beide für so verschieden, wie Sonne und Mond« gehalten, denn es gehe in der Kunst schließlich um Raumgefühl und Plastizität. »Ich sage also, daß mir die Malerei um so besser erscheint, je mehr sie sich dem Relief nähert, und das Reli-

Vgl. S. 34 f., S. 45 u. Abb. S. 72/73

ef um so schlechter, je mehr es sich an die Malerei anlehnt.«
(MB 1957, S. 110)

Das Rahmensys-
tem der *Sixtina* Folglich bestand die erste Herausforderung des Tonnenge-
wölbes der Sixtinischen Kapelle, die auf jeder Längsseite sechs
Fenster mit Stichkappen rhythmisieren, darin, ein gemaltes
Rahmensystem zu entwickeln, das vielschichtige Räumlich-
keit vortäuscht. Es besteht aus einer deutlichen Akzentuie-
rung der Stichkappen sowie zehn quer verlaufenden Gurt-
bändern, die die langgestreckte Wölbung in neun Streifen
unterteilen. Die gestaffelten Ebenen des gesamten Werkes
sind ein ehrgeiziges und ausgeklügeltes Täuschungsmanöver.
Zur Ebene der Architektur gehören Gesimse, Postamente
mit kleinen goldenen Balustern an den Ecken und weiße,
marmorne Bauplastik sowie alternierend helle und dunklere
Wandflächen. Das tiefe Konsolgesims über zwölf Tragstei-
nen, auf denen scheinbar das gesamte Gewölbe lastet, bietet
Platz für Sibyllen und Propheten. Die Sitzordnung der zwölf
Apostel ist durch steinerne Tafeln unter ihren Plätzen festge-
legt. Über ihren Köpfen prangen wie aus Kupfer getriebene
Medaillons, die jedoch nicht an der dahinter liegenden Wand
befestigt sind, sondern von nackten jungen Männern an ge-
rafften Tüchern gehalten werden müssen. Den Scheitel des
Gewölbes schmückt ein gerahmtes Gemälde. Zwischen den
Propheten und Sibyllen liegt jeweils ein Zwickel, in den die
Rahmung der Stichkappen ragt und dessen Mitte von einem
weißen Widderschädel eingenommen wird. Zu beiden Seiten
kauern kleine nackte Männergestalten, von den Füßen bis zu
den Haaren in einheitlichem Braunton durchgefärbt, wie aus
patiniertem Kupfer.

>»Ohne die Sixtinische Kapelle gesehen zu haben, kann man
>sich keinen anschauenden Begriff machen, was Ein Mensch
>vermag. Man hört und liest von viel großen und braven Leuten,
>aber hier hat man es noch ganz lebendig über dem Haupte,
>vor den Augen.«
>(Johann Wolfgang von Goethe nach seinem Besuch der Sixtina
>am 23. August 1787; Goethe, o. J., S. 334)

Was wir geboten bekommen, ist ein illusionistischer Kraftakt. Wir sehen Marmor, Porphyr, Bronze, Kupfer, Gold, feine und schwere Stoffe in allen Farben, Fleisch und Knochen, Haut und Haar. Wir sehen lebendige Menschen, skulptierte Menschen, gemalte Menschen auf gemalten Bildern in gemalten Rahmen. Wir sehen nahezu alle Alter, nahezu alle denkbaren Körperhaltungen, nahezu alle Gefühlsregungen. Wir sehen Architektur, Vollplastik, Relief und Malerei. Und alles ist nur ein Fresko.

Vasari, dem das Repertoire der kunsttheoretischen Fachtermini noch weit geläufiger war als Condivi, ergriff die Gelegenheit, es auszubreiten. Und es ist evident, dass er gerade hier, angesichts dieses gewaltigen Exempels der Möglichkeiten der Malerei die Chance nutzte, seine angelesenen Kenntnisse aus den Kunsttraktaten der Renaissance einzustreuen (Zöllner 2002, S. 109). Er lobt die Erfindungskraft (inventione), die Zeichnung (disegno), die Vielfalt (diversità, varietà), die Eleganz (gratia), die Verkürzungen (scorti), und es ist in seinen Denkstrukturen nur konsequent, dass er das Ganze als Beitrag zu einem sportlichen Wettbewerb auffasst und in seinem Leistungskatalog auch noch den Schwierigkeitsgrad (difficoltà) aufführt.

Nicht etwa wegen seines theologischen Gehaltes, sondern wegen der Vollkommenheit der Zeichnung erscheint dieses Werk »göttlich«, wird zur »Leuchte unserer Kunst und hat der Malerei so viel Licht und Hülfe gebracht, als Aufklärung der Welt, welche so viele Jahrhunderte im Finstern geblieben war« (GV 1983, Bd. V, S. 307). Michelangelo wird einmal mehr zum christusgleichen Lichtbringer. Auf den ersten Blick mag das anmaßend klingen, doch auch in seiner eigenen Kunstauffassung ist einzig die ästhetische Lösung ausschlaggebend für den Grad frommer Gesinnung. Die italienische Malerei ist laut Michelangelo besonders fromm, weil sie besonders gut ist. Denn nichts sei frommer als der Wunsch nach Vervollkommnung, die zur Vereinigung mit Gott führe. Eine gut gemalte Katze ist somit frommer als ein schlecht gemalter Heiliger (MB 1957, S. 170).

Unmittelbar geknüpft an die Frage nach dem Ausdruck des

Was ist gute Kunst? – Teil I, vgl. S. 112

Glaubens – und ihr im Grunde vorausgehend – war die Frage, was denn eigentlich »gute Malerei« sei, in der sich die fromme Gesinnung manifestiert. Michelangelo (zit. n. Holanda 1899, S. 169) lässt hier Begriffe wie Symmetrie, Proportion, Raumgefühl, Gehalt und Seele fallen. Und er hat ein

Beispiel parat, was schlechte Kunst ist: die flämische Malerei. Sie »wird im allgemeinen jeden Frommen mehr befriedigen als die italienische. Diese läßt ihn ungerührt. Die flandrische Malerei jedoch entlockt ihm Tränenströme; aber nicht durch ihre Kraft und Güte, sondern allein wegen der Gutherzigkeit des frommen Betrachters. Weibern wird sie gefallen, hauptsächlich den ganz alten oder ganz jungen Frauenzimmern und ebenso den geistlichen Brüdern und Schwestern, sowie gewissen amusischen Edelleuten, die keinen Sinn für wahre Harmonie haben.«

Das Gefällige, Kleinteilige und Detailverliebte ist es, was Michelangelo als unmännlich verachtet, das Anreichern von Bildern mit hübschen nebensächlichen Einfällen. Wie sein Gegenkonzept aussieht, wird unmittelbar anschaulich. Alles muss seine Ordnung haben, jede Figur muss eine Notwendigkeit besitzen, muss kraftvoll und für sich allein wie im Bildganzen zwingend erscheinen. Sentimentalität war ihm verhasst, Gefühle suspekt, es sei denn, sie waren kühl und heroisch. Kleine, zarte, intime Regungen bleiben die Ausnahme. Und so ist auch das monumentale Werk der Sixtina überwältigend: »Man muß es hassen oder anbeten. Es erstickt, es verbrennt einen. Keine Landschaft, keine Natur, keine Luft, keine Zärtlichkeit, fast nichts Menschliches ist darin«, schreibt Romain Rolland (1922, S. 36).

> »Wie auch Dante bereitet Michelangelo keinen unmittelbaren Genuß, er beklemmt, er erdrückt die Einbildung mit der Wucht des Unglücks; es bleibt nicht genug Kraft übrig, um Mut zu haben; das Unglück füllt die Seele ganz und gar aus. Wenn man von Michelangelo kommt, erscheint einem die unbedeutendste Landschaft köstlich, sie befreit aus der Betäubung. Die Macht des Eindrucks hat sich fast in das Schmerzhafte gesteigert, erst mit seiner allmählichen Abschwächung stellt sich der Genuß ein.«
> (Stendhals Wahrnehmung der visuellen Übermacht der Werke Michelangelos; Stendhal 1924, S. 325)

Michelangelo beruft sich gern auf die Natur als Vorbild, doch letztlich macht sie ihm Angst, denn sie wuchert, riecht und tönt, ist überfüllt mit vergänglichen Äußerlichkeiten und hemmungslosen Trieben. Das unberechenbare, sensible Chaos, das in den Elementen seinen Ausdruck findet, ist ihm verhasst, da es sich nicht verstehen, sich seiner »Künstlernatur« nicht unterordnen lässt. Nicht umsonst erwähnt er in seiner Schmähung der flämischen Malerei »Mauerwerk, grüne Fluren, schattenspendende Bäume, Flüsse und Brücken und was sie so Landschaft nennen« (MB 1957, S. 169). Diese sinnlichen Dinge werden zurückgewiesen, denn als wahrer Platoniker weiß Michelangelo, dass Kunst weder sklavisch Realität imitieren noch eine eigene Realität erschaffen, sondern Grundwerte und Naturgesetze vor Augen führen soll. Wenn er von »Natur« spricht, meint er folglich nur die Krone der Schöpfung, die sorgsam herausgelöste, quasi sterilisierte Erscheinung des menschlichen Körpers, in der sich die sinnfällige Ordnung Gottes am deutlichsten zeigt, in all ihrer Schönheit, Anmut, Symmetrie und ihren Proportionen.

Aus dem ursprünglichen Konzept, zwölf Apostel zu malen, ist ein theologisches Programm geworden, das von der Entstehung der Welt bis zu Joseph, dem Stiefvater von Jesus, reicht. Dass die Planänderung allein auf Michelangelo zurückgeht, wie er in einem Brief an seinen Vertrauten Giovan Francesco Fattucci 1524 andeutet (MB 1957, S. 79), ist, bei allem Respekt, den der Papst dem Künstler entgegenbrachte, unwahrscheinlich. Immerhin war es wohl zumindest der Wunsch des Papstes, dass auch die gesamten Wände zwischen den Fenstern bis über die beiden älteren Freskenzyklen ausgemalt werden sollten. Heilsgeschichtlich betrachtet, schildern diese Werke das Leben Jesu – die Zeit unter der Gnade (tempus sub gratia) – und das Leben Mose – die Zeit unter dem Gesetz (tempus sub lege). Folglich bot es sich an, mit der Deckenausmalung weiter zurückzugehen und die Schöpfungsgeschichte – die Zeit vor dem Gesetz (tempus ante legem) – zu thematisieren. In den zentralen neun Feldern der Decke präsentiert Michelangelo dreimal drei Szenen: Zunächst tritt Gott in Aktion und scheidet im ersten Feld Licht und Finsternis, erschafft im zweiten Sonne und Mond und trennt im dritten Himmel und Wasser. Dann taucht der Mensch auf. Die Felder vier und fünf zeigen die Erschaffung von Adam und Eva, das sechste die Verführung durch die Schlange und die Vertreibung aus dem Paradies. Die letzten drei Felder zeigen eine Opferung, die Sintflut und den überlebenden Noah, der sich

Das theologische Programm der Sixtina

nach der Rettung nackt betrinkt und von zweien seiner Söhne verschämt bedeckt wird, während der dritte sich über ihn lustig macht.

Bei dem Opfer handelt es sich offensichtlich nicht um die Legende von Kain und Abel, wie sie chronologisch hierher gehörte (und als die Vasari sie deshalb auch identifiziert, GV 1983, Bd. V, S. 310), sondern eher um das Dankopfer Noahs, das indes erst nach der Sintflut stattfand. Indem Michelangelo das Opfer zeitlich vor die Sintflut verlegt, modifiziert er die Botschaft: Relevant für das Überleben Noahs war nicht sein Dankopfer im Nachhinein, sondern sein gottesfürchtiger Lebenswandel zuvor. Insgesamt ist der Zyklus eine düstere Auswahl biblischer Ereignisse, ein Bogen von der hoffnungsvollen Erschaffung der Welt bis zur nahezu vollständigen Auslöschung allen irdischen Lebens. Auf die Sintflut folgt nur noch die Schande Noahs, der im Alkoholrausch die Kontrolle verliert und nackt einschläft.

Sixtinische Kapelle, *Betrunkener Noah*, Vatikan, Rom

Dass Noahs Sohn Ham sich darüber amüsiert, ist wiederum Auslöser für die Verfluchung von dessen – hebräischen Gelehrten des 6. Jahrhunderts zufolge dunkelhäutigem – Sohn Kanaan durch Noah: »Verflucht sei Kanaan! Knecht der Knechte sei er seinen Brüdern!« (1. Mose 9,25) Dieser Satz sollte später nicht nur die Unterwerfung des (muslimischen) Landes Kanaan (West-Palästina) durch die Juden, sondern auch die Versklavung der Schwarzen durch die Christen recht-

fertigen. Noah ist auch noch in anderer Hinsicht von großer
Symbolkraft für eine Kirche in stürmischen Zeiten. Als Len-
ker der rettenden Arche wird er mit dem Papst gleichgesetzt.
Die Verspottung Noahs kommt folglich der Verspottung des
Papstes gleich. Und sei er im Augenblick auch noch so hilf-
los, scheint uns dieses letzte Deckenbild sagen zu wollen, der
Spötter wird verbannt werden bis in alle Ewigkeit (Rohlmann
1995, S. 29).

In den Eckzwickeln treten zwei weibliche und zwei männliche Gestalten auf, die mit ihren Taten den Weg zur Errettung des auserwählten Volkes ebneten: Moses errichtet den Stab mit der ehernen Schlange, die die beim Auszug aus Ägypten von feurigen Schlangen gebissenen Israeliten zu heilen vermag; der zukünftige König Israels, David, erschlägt Goliath, den Krieger der Philister; Esther sorgt als Favoritin des Perserkönigs Ahasveros dafür, dass der Feind der Juden, Haman, hingerichtet wird; und die in den Apokryphen angesiedelte Judith enthauptet den Holofernes, um damit die Belagerung der Stadt Betylua zu beenden.

Mit diesen eher finsteren Taten enden die Historien. Das weitere Geschehen des Alten Testaments wird personalisiert. Auf Noah folgt in den Lünetten und Stichkappen der weitere Stammbaum Jesu bis zu dessen Stiefvater Joseph, wie er bei Matthäus nachzulesen ist, wobei die Patriarchen Abraham, Isaak und Jakob wie alle weiteren Malereien der Altarwand später dem *Jüngsten Gericht* geopfert wurden.

Die programmatische Kontinuität der Sixtina reicht nun also von der Genesis bis zu Jesus Christus und darüber hinaus, denn sie wird fortgesetzt durch die Bildnisse der frühen Päpste als Vertreter Jesu und Nachfolger Petri. Julius II., der an seinem eigenen Stammbaum zimmerte und sich gern als zweiter Julius Cäsar sah, wob sich selbst und das Andenken an seinen Onkel Sixtus IV., den Erbauer der Sixtina, unauslöschbar in diese Genealogie ein. Das Fresko ist übersät mit Hunderten von Eicheln, Früchten der Pflanze aus dem Wappen der Familie della Rovere. Teilweise sind sie vergoldet, und schon Vasari erkannte, was das bedeuten wollte: Unter der Herrschaft Julius' II. blühte das goldene Zeitalter (GV 1983, Bd. V, S. 308). Schließlich sind unmittelbar über dem Altar, hinter der Figur des Jonas, der durch sein Abenteuer mit dem Walfisch, das er unbeschadet überlebte, als Präfiguration der Wiedergeburt Jesu galt, zwei Ranken eines Eichbaums ineinander verschlungen: Sixtus IV. und Julius II., aus der klerikal erfolgreichsten Sippe der Hochrenaissance.

Ein ewiges Phantom
Das *Monument für Julius II.* (San Pietro in Vincoli, Rom, 1505-1545)

Im Dom von Siena hatte sich Michelangelo bereits mit eher unbefriedigendem Ergebnis an einem Grabmal versucht, dem der Familie Piccolomini, doch was sich rund um das Grabmal für Papst Julius II. abspielte, war das größte Debakel in seinem Leben. Aus den hochtrabenden Plänen eines freistehenden Monumentes wurde nach zähen Verhandlungen ein dreiseitiges, an die Wand angelehntes und schließlich, nach rund vierzig Jahren, nur mehr ein Wandgrab. Aus den vierzig vollplastischen Statuen, die ursprünglich vorgesehen waren, wurden am Ende sieben, von denen Michelangelo drei selbst ausführte. Die Beschreibungen Condivis (AC 1943, S. 32 f.) und Vasaris (GV 1983, Bd. V, S. 290 f.) vom ursprünglichen Konzept vermitteln einen Eindruck der Idee, die offenbar mehr eine eigenständige Architektur denn ein Grab sein möchte: ein Block in den Ausmaßen 12 × 16 Ellen, dessen Außenseiten durch Statuen in Nischen geschmückt sind. Zwischen den Nischen stehen Hermen, die ein Gesims tragen. An die Hermen sind Sklaven gefesselt, die (laut Condivi) die freien und bildenden Künste und (laut Vasari) zudem die vom Papst besiegten Provinzen darstellen. Auf den Ecken des Gesimses sitzen vier gewaltige Gestalten: Moses, Paulus sowie die Personifikationen der Vita activa und der Vita contemplativa. Der weitere Aufbau, geschmückt durch Bronzereliefs mit Darstellungen der Taten des Papstes, verjüngt sich von Stockwerk zu Stockwerk. Zuoberst stützen zwei Figuren – Condivi hält sie für Engel, Vasari für den lachenden Himmel und die trauernde Erde – einen Sarkophag. Der ovale Innenraum, der den tatsächlichen marmornen Sarg des Papstes beherbergt, ist begehbar.

»Nachdem er diese Zeichnung gesehen, schickte der Papst den Michelangelo nach Sankt Peter, um zu sehen, wo man es günstig aufstellen könne«, schreibt Condivi (AC 1943, S. 33) und deutet damit ein Grundproblem im Schaffen des Künstlers an. Erst entsteht der Plan für das Werk, dann muss eine Möglichkeit gefunden werden, es in die Gegebenheiten ein-

Vgl. S. 31 f.

Das ursprüngliche Konzept des *Julius-Grabmals*

zupassen. Doch Sankt Peter stand vor großen Veränderungen und es wäre fatal gewesen, ein derart aufwändiges Grabmal in einer Kirche zu errichten, deren zukünftiges Aussehen, ja sogar deren zukünftige Ausmaße, man noch gar nicht abzusehen vermochte. Dass es einer Intrige Bramantes und Raffaels gegen Michelangelo bedurft hätte, um den Papst von den Grabmalsplänen abzubringen, ist daher zweifelhaft. Es scheint aus der Sicht des Papstes vielmehr naheliegend, dass er für Michelangelo nach einer anderen Aufgabe suchte, die er in der Sixtinischen Kapelle fand. Dort war nach Bauschäden die Decke, die vordem ein gemalter Sternenhimmel geschmückt hatte, neu zu freskieren.

Michelangelo hatte den Marmor in Carrara umsonst gebrochen, doch die Idee des Grabmals sollte mit dem Tod des Papstes zu neuem Leben erwachen. Seine Testamentsvollstrecker, Leonardo Grosso della Rovere, Kardinal Agiensis, und Lorenzo Pucci, Kardinal Santiquattro, legten am 6. Mai 1513 einen neuen Vertrag vor, der dem Künstler sieben Jahre gab, um das nun bereits auf drei Schauseiten reduzierte Werk zu vollenden. Michelangelo verpflichtete sich, ohne Unterbrechung und ohne andere Aufträge anzunehmen, das Grabmal für die Summe von 16 500 Dukaten, selbst im Falle, dass sich durch schwere Krankheit des Künstlers Verzögerungen ergäben, fertig zu stellen (Prete 1963, S. 25 f.). Und tatsächlich machte er sich an die Arbeit. Es entstanden in den folgenden drei Jahren zwei Figuren, der *Gefesselte Sklave* und der sogenannte *Sterbende Sklave*, der lasziv in seinen Fesseln zusammensackt. Außerdem um 1515 die Figur des sitzenden *Moses*.

Papst Leo X. setzte sich im Sinne Michelangelos dafür ein, dass am 8. Juli 1516 ein weiterer Vertrag aufgesetzt wurde, der das Grabmal nochmals, durch eine Verkürzung der Seitenfronten, in seinem Umfang deutlich reduzierte. Es folgte ein weiterer Vertrag im Jahr 1519, die Stimmung zwischen den Vertragsparteien war zunehmend angespannt. 1524 glaubte der vertragsbrüchige Künstler gar Schadensersatz fordern zu können. Seine Aufrechnung aller Kosten umfasst dabei auch entgangene Zahlungen für Aufträge, die er ablehnen musste, um am Grabmal zu arbeiten. Am 4. September 1525 möchte er aus Altersgründen vom Vertrag zurücktreten und bezahlte Gelder zurückerstatten, alternativ bietet er an, sich auf eine Gestaltung als Wandgrab einzulassen, doch im Jahr darauf ist die Stimmung in der Julius-Verwandtschaft noch schlechter, und Michelangelo befürchtet, die Gunst des Papstes zu verlieren (1. November 1526, MB 1957, S. 85). Am 18. April 1532 und am 20. August 1542 wurden die letzten beiden Verträge unterzeichnet. Michelangelo verpflichtete sich in der ultimativen Minimalfassung, neben dem *Moses* noch zwei eigenhändige Skulpturen zum Grabmal beizusteuern. Die beiden Sklaven standen nun nicht mehr zur Debatte, daher griff Michelangelo auf die Ursprungsidee zurück und ergänzte die Vita activa in Gestalt der *Lea* und die Vita contemplativa in Gestalt der *Rahel*. Anfang 1545 wurde das Grabmal schließlich in San Pietro in Vincoli installiert.

»Meine ganze Jugend habe ich, an dieses Grabmal gefesselt, **Klagen und Kritik** mit der Verteidigung gegen die Päpste Leo und Clemens vergeudet«, klagt Michelangelo 1542 (MB 1957, S. 102). »Mein allzu großes Vertrauen, das mich hinderte, klar zu sehen, hat mich zugrunde gerichtet. So will es mein Schicksal! Ich kenne viele, die 2000 und 3000 Skudi im Schlaf verdienen; ich aber rackere mich unter größter Anstrengung ab, ein armer Mann zu werden.« Die Päpste sind geizig, die Familie der Auftraggeber undankbar, nur ihn selbst trifft wieder keine Schuld.

Dass das Projekt von Beginn an etwas Anmaßendes hatte, dass das konzipierte Papstgrab das Grab des eigentlichen Kirchenheiligen Petrus vermutlich in den Schatten gestellt hätte, wird lediglich von Pietro Aretino ganz unverblümt kritisiert. Das Scheitern Michelangelos sei höherer Wille gewesen, wie er den Künstler wissen lässt, »denn Gott selbst wollte es so, daß der ewige Ruhm Julius' II. in einem einfachen Grab und für sich selbst weiter lebe und nicht vermittelt durch das hochmütige Grabmonument nach Maßgabe Eurer Kunst« (zit. n. Zöllner 2002, S. 105). Auch andere hatten bereits angedeutet, man möge unter Umständen mehr Bescheidenheit wagen. Bei der Visite Papst Pauls III. in Begleitung einiger Kardinäle soll der Kardinal von Mantua geäußert haben, die

Figur des Moses allein würde ausreichen, Julius II. zu ehren
(GV 1983, Bd. V, S. 341). Was von Vasari hier als Lob über die
Vollkommenheit der Statue angeführt wird, lässt sich durch-
aus auch anders verstehen.

Moses   *Moses* ist in Physis und Geist unverkennbar ein Verwandter
der Propheten der Sixtinischen Decke. Sein muskulöser Körper wirkt ruhend und zugleich in dynamischer Bewegung
eingefroren. Sein Gesicht, schreibt Condivi, sei »dazu ge-

macht, Liebe und Schrecken zugleich einzuflößen [...] Er ist bekleidet und beschuht, die Arme sind nackt und alles andere nach antiker Art. Ein wunderbares und kunstvolles Werk, am meisten deshalb, weil unter so schönen Gewändern, mit denen er bedeckt ist, überall das Nackte hervorscheint, so daß die Kleidung den Anblick der Schönheit des Körpers nicht hindert, was man ja überhaupt bei allen bekleideten Figuren, in der Malerei und in der Skulptur, von ihm beobachtet sieht« (AC 1943, S. 64 f.). Es sind diese Gegensätze – Bewegung und Ruhe, Liebe und Schrecken, Bekleidung und Nacktheit –, die hier im Stein einzigartig zusammengezwungen werden. »Michelangelo sieht Einheit und Notwendigkeit, wo wir nur Gegensatz und Dualismus sehen«, bemerkt Charles de Tolnay und fügt hinzu: »Und da die Schönheit göttlichen Ursprungs ist und uns zum Göttlichen zurückführt, hat sich Michelangelo heidnischer und christlicher Motive – für ihn synonym – bedienen können.« (1964, S. 22)

Auch wenn die Dominanz des Moses, der im Rahmen des Grabmals zentral unter der Skulptur des liegenden Papstes sitzt, nicht der ursprünglichen Intention entsprach, so ist sie doch in mehrfacher Hinsicht angemessen. Julius hatte angesichts seiner Bronzestatue in Bologna auf die Nachfrage Michelangelos, was sie in der Hand halten solle, Buch oder Schwert, geantwortet: »Ein Schwert, ich bin doch kein Gelehrter. Und scherzend über die Rechte, die in einer kühnen Bewegung gegeben war, sagte er dem Michelangelo: ›Diese deine Statue, erteilt sie Segen oder Fluch‹.« (AC 1943, S. 38 f.) Diese Ambivalenz verkörpert auch der *Moses*, und Michelangelo beweist, dass selbst der Überbringer des Wortes schrecklich sein kann. Moses, der dezidiert rassistische Gotteskrieger, der sich als Werkzeug eines zornigen Gottes sah und auch vor Völkermord nicht zurückschreckte (4. Mose 25, 6-8 u. 31, 2-15), wird in der gebändigten Dynamik von Michelangelos Skulptur zum Porträt des kriegerischen Papstes. Selten fügen sich die dämonischen Hörner, die als »steingewordener Übersetzungsfehler« (Elfes 2004) verstanden werden müssen, besser ins Bild: Der Ausdruck »qaran«, der im Hebräischen sowohl »strahlend« als auch »gehörnt« bedeuten kann, ist in der

Vulgata zu »cornuta esset facies sua« (2. Mose 34, 29) geworden.

Der Moment, den Michelangelo darstellt, ist das Testament des Moses und damit auch Julius' II.: Moses hat die Gesetze notiert und wird sie nun seinen Nachfolgern übergeben (5. Mose 31, 9). Er ermahnt sie, sie zu befolgen und allen, vor allem den Kindern, zu lehren, damit sie Gott fürchten lernen. Unmittelbar danach verkündet Gott Moses dessen nahen Tod: »Siehe, die Zeit ist gekommen, da du sterben mußt.« (5. Mose 31, 13 u. 14) Kaum ein Bibelwort könnte sinniger sein für das Grabmal eines autoritären Kirchenfürsten und Michelangelos *Moses* scheint seine ultimative plastische Umsetzung zu sein.

Die Entdeckung des *Laokoon* Es war ein bemerkenswerter und doppelter Zufall, dass kurz nachdem Michelangelo den ersten Vertrag für das *Juliusgrab* unterschrieben hatte, in Rom die *Laokoon*-Gruppe in einem Weinberg bei Santa Maria Maggiore ausgegraben wurde und der Künstler zusammen mit Giuliano da Sangallo (1443-1516)

Laokoon-Gruppe, Vatikanische Museen, Rom

der erste Experte gewesen sein soll, der sie noch am Fundort begutachtet hat. Die sensationelle Entdeckung, über die Michelangelo selbst an keiner Stelle spricht, hat in seinem weiteren Werk unverkennbare Spuren hinterlassen. Ab sofort ist bis zu seinem Alterswerk nichts mehr von der meditativen Gelassenheit der *Pietà*, der entgleisten Eleganz des *Bacchus* oder der Konzentration des *David* zu spüren. Stattdessen sind Kraft, Dynamik und große Gesten gefragt. Das wohl berühmteste Fresko Michelangelos, üblicherweise als *Erschaffung Adams* tituliert, ist eine energetische Aufladung des Körpers, die als programmatisch für Michelangelos weiteres Werk betrachtet werden kann. Es bleibt ein verblüffender und verlockender Gedanke, dass der Antikenfälscher Michelangelo, wie es Lynn Catterson zu belegen sucht, nach seiner Bologneser Bronzeskulptur Julius' II. in dreifacher Lebensgröße (AC 1943, S. 39) und dem Giganten *David* auch der heimliche Schöpfer der *Laokoon*-Gruppe ist.

Wie dem auch sei, am Beginn der Schöpfung des *Juliusgrabes* steht die *Laokoon*-Gruppe, und sie hätte auch nach 40 Jahren an deren Ende stehen können, hätte Michelangelo auf die drei fertig gestellten Skulpturen des *Moses* und der beiden *Sklaven* zurückgegriffen. Doch sowohl der Wind der Epoche hatte sich mit der Gegenreformation gedreht als auch die persönliche Anschauung Michelangelos unter dem christlich-läuternden Einfluss Vittoria Colonnas. Beide Faktoren mögen eine »Laokoon-Lösung« ausgeschlossen haben. Ein beherrschter, sich im nächsten Moment möglicherweise jedoch

»Er hat die Plastik auf ihre einfachste Form zurückgeführt: auf die Einzelstatue. Basreliefs und Gruppen, die er selten ausführte und in denen er immer eine gewisse Ungelenkigkeit verriet, liebte er nicht […] Alles, was den Vielen lustvollen Reiz der Kunst ausmacht, war Michelangelo nicht nur fremd, sondern feindlich. Je mehr die Kunst sich an die Sinne wandte, um so tiefer hat er sie verachtet.«
(Romain Rolland in seiner Michelangelo-Biographie; Rolland 1922, S. 102 f.)

zornig aufrichtender Moses und zwei gefesselte Sklaven, was wäre das für eine seltsame Botschaft gewesen – und was für eine spektakuläre Hommage an die Antike. Nicht nur die beiden Söhne Laokoons, der eine vorgebeugt und sich gegen die Fesselung durch die Schlange wehrend, der andere mit über dem Kopf erhobenem Arm, nach hinten geneigtem Kopf und einer Hand vor der Brust sich in sein Schicksal ergebend, hätten in den beiden Louvre-Sklaven ihr Pendant gefunden, sondern auch das Größenverhältnis zwischen Moses und den Sklaven hätte dem zwischen Laokoon und seinen Söhnen entsprochen. An die Stelle des bärtigen und todgeweihten Propheten des Untergangs von Troja wäre der Befreier der versklavten Juden und ihr Anführer auf dem Weg ins Gelobte Land getreten.

Doch Michelangelo machte sich stattdessen lieber nochmals an die Arbeit und schuf *Lea* und *Rahel*, kehrte zurück zur Konvention, lieferte »eine kalte, abstrakte und höfische Allegorie, wie es die Vorwürfe Michelangelos – man muß es sagen – oft gewesen sind« (Rolland 1922, S. 42). So konventionell das Programm auch sein mag, in einem ist das *Juliusgrab* innovativ – es integriert in die Rückwand der rahmenden Architektur Fenster, die, »da der Chor dahinter ist, beim Gottesdienst dazu dienen, die Stimmen in die Kirche zu schicken« (GV 1983, Bd. V, S. 345).

Vom Bildhauer zum Architekten
Florentiner Projekte (1520-1534): *Medicigräber* und *Biblioteca Laurenziana*

Vasari, stellvertretend für seine Architektengeneration, empfand die Variation, die Michelangelo über die Alte Sakristei von San Lorenzo komponierte, als Akt der Befreiung. Ein Gegenstück zur wegweisenden Alten Sakristei Filippo Brunelleschis (1377-1446) konzipieren zu können bedeutete zum einen Beschränkung auf die gleiche Grundfläche, aber zugleich und umso mehr die Möglichkeit, Innovation zu demonstrieren. Er brachte »eine Verzierung in gemischter Ordnung an, die mannichfaltigste, ungewöhnlichste, welche jemals von alten oder neuen Meistern angewendet werden konnte, denn die

Neues Dekor

schönen Gesimse, Capitäle, Vasen, Thüren, Tabernakel und
Grabmäler sind völlig verschieden von dem, was die Menschen früher für Maß, Ordnung und Regel geachtet hatten,
nach allgemeinem Brauch, nach den Bestimmungen Vitruvs
und der Alterthümer, dem er sich nicht anschließen wollte«
(GV 1983, Bd. V, S. 323).

Wie Brunelleschi verwendete er grauen Sandstein (Pietra se-
rena) für die Auflagen und überkuppelte den Bau, fügte aber
noch ein zweites Geschoss ein, um ein Triumphbogenmotiv
zu etablieren: ein zentraler Bogen mit schmaleren Seitenpar-
tien, darin überwiegend blinde Türen. Er reicht ins zweite
Geschoss hinauf und wird dort von zwei Fenstern flankiert.
In die Wandflächen über den Türen zwängt Michelangelo
drei ineinander verschachtelte Rahmen, halb blinde Fenster,
halb Nischen, doch zu flach für eine Figur. Ihre Leere wird
nur mit einem Feston geschmückt. Aus der puren, auf Kreis
und Quadrat basierenden Gliederung Brunelleschis war eine
in sich verkeilte, gedrängte und gesättigte Wandornamentie-
rung geworden.

Unter den Triumphbogen der Seitenwände stehen sich die
ebenfalls dreigegliederten Medicigräber gegenüber. In den
schlichten Mittelnischen sitzen die Gestalten der beiden Me-
dici-Herzöge Giuliano (gest. 1516) und Lorenzo (gest. 1519),
idealisiert und vergöttlicht wie antike Kaiser (Balas 1995,
S. 49). Sie haben sich der Zeit, verkörpert in den vier allego-
rischen Skulpturen der *Morgenröte*, des *Tages*, des *Abends* und
der *Nacht* entzogen, sollten durch ihre Apotheose eigentlich
über die Zeit triumphiert haben und bleiben bei Michelangelo doch eher gelassen nachdenkliche Gestalten. Sanft, schön
und unversehrt, wie Christus in der römischen *Pietà*, ver-
ewigt im Moment des Übergangs in die göttliche Welt. »Der
Tod«, schreibt Charles de Tolnay, »erteilt folglich dem Leben
seine endgültige Gestalt, in der sich nichts mehr ändert und
der Mensch das Absolute erreicht« (Tolnay 1964, S. 11). Dieser
Vollendung steht das Unvollendete der Zeit entgegen, und so
erscheint es beinahe konsequent, dass die vier Tageszeiten unvollendet geblieben sind. Michelangelo beließ sie möglicherweise bewusst in diesem Zustand, über sein Non-Finito ist

Die Gräber Loren-
zo und Giuliano
de' Medicis, vgl.
Abb. S. 38

viel spekuliert worden. Die *Medici-Madonna* sowie Statuen
der Heiligen Cosmas und Damian von Raffaele da Montelupo (1505-1566) runden das Ensemble ab und verorten es wieder in christlichen Sphären.

»Ich kam aus der Laurenziana, der Bibliothek der Mediceer,
und geriet, ich weiß nicht mehr wie, in die Kapelle, wo jenes
prachtvollste Geschlecht Italiens sich eine Schlafstelle von
Edelsteinen gebaut hat und ruhig schlummert. Eine ganze
Stunde blieb ich dort versunken in dem Anblick eines marmornen Frauenbilds, dessen gewaltiger Leibesbau von der kühnen
Kraft des Michelangelo zeugt, während doch die ganze Gestalt
von einer ätherischen Süßigkeit umflossen ist, die man bei jenem Meister eben nicht zu suchen pflegt. In diesen Marmor ist
das ganze Traumreich gebannt mit allen seinen stillen Selig-
keiten, eine zärtliche Ruhe wohnt in diesen schönen Gliedern,
ein besänftigendes Mondlicht scheint durch ihre Adern zu rin-
nen ... es ist die Nacht des Michelangelo Buonarroti. Oh, wie
gerne möchte ich schlafen des ewigen Schlafes in den Armen
dieser Nacht.«
(Heinrich Heine in seinen *Florentinischen Nächten*; Heine
1968, S. 563)

Überwindung antiker Normen: Die *Biblioteca Laurenziana* Parallel zur Grabkapelle der Medici begann er 1524 mit der
Biblioteca Laurenziana, in der er das Bedürfnis verspürte, die
Normen des großen Baumeisters der Antike, Vitruv, endgültig über Bord zu werfen. Auch hier war der Raum begrenzt,
so dass Michelangelo Atrium und Treppenhaus kombinierte.
Dieser kleine und hohe Raum jedoch war ein Feuerwerk an
Regelverstößen. Alles, was der Baumeister an Architektur-
elementen auffährt, ist offensichtlich funktionslos. Was hier
tatsächlich die Last trägt, ist die helle, leicht erscheinende
Wand, die Säulen mit geradezu abstrakt reduzierten Kapi-
tellen dagegen treten zurück, werden wie gefangene Körper
in Nischen eingezwängt, die Voluten unter ihnen, die in den
Ecken aufeinanderprallen, könnten als Konsolen dienen,
haben aber optisch keinerlei Kontakt mit dem Gesims, auf
dem die Säulen stehen. Die dunklen Nischen, von Pilaster-

flöten mit winzigen Kapitälchen flankiert, sind leer, die hellen Mezzaninfenster darüber blind. Triglyphen, üblicherweise Elemente des dorischen Gebälks, das über den Säulen ruht, werden als kleine Konsolen »missbraucht«, die die Basis der Ädikula stützen.

Architekturteile werden beliebig variiert, kombiniert und über die Wand verteilt. Dabei herrscht ein frostiges Kalkül, der Geist einer nüchternen intellektuellen Provokation, der wenig mit der unbändigen Lust zu tun hat, mit der zeitgleich etwa Giulio Romano (1492-1546) die Gesetze etablierter Baukunst aus den Angeln zu heben begonnen hatte.

Architektur als Provokation ...

Längst war Michelangelo für immer entschwunden, als den Florentinern dreißig Jahre später auffiel, dass für die Treppe keine Zeichnung existierte. Als Vasari insistierte und ihn um seinen Entwurf bat, schrieb der inzwischen 80-jährige Meister einen Brief aus Rom, der eindrucksvoll zeigt, wie er Architektur als Baukastensystem begreift: »Wenn ich mich erinnern könnte, wie ich sie geplant hatte, ich ließe mich nicht lange bitten. Wie im Traum kommt mir eine bestimmte Treppe wieder in den Sinn, aber ich glaube nicht, daß es die ist, welche ich damals erdachte, denn sie erscheint mir recht plump. Dennoch will ich sie Euch beschreiben: Nehmt also eine Anzahl ovaler Schachteln, [...] aber nicht von gleicher Länge und Breite. Die größte legt Ihr auf den Fußboden [...] Darauf legt Ihr dann eine zweite. Sie muß nach jeder Seite so viel kleiner sein, daß auf der ersten darunter so viel Fläche übrigbleibt, als der Fuß zum Betreten benötigt, und so weiter, indem eine jede sich beim Hinaufsteigen vermindert und zur Tür hin zurückzieht [...] Dieser ovale Teil der Treppe soll, gleichsam als zwei Flügel, an jeder Seite eine Treppe bekommen, mit der gleichen Stufenfolge, aber gerade und nicht oval. [...] Ich schreibe lächerliches Zeug, aber ich weiß ja, daß Messer Bartolommeo [Ammanati] und Ihr schon etwas richtiges daraus machen werdet.« (28. September 1555, MB 1957, S. 119 f.)

... und als Baukastensystem

Das Vokabular der Renaissance stand um 1520 zur Verfügung, man beherrschte die antiken Normen, die Gesetze der Perspektive, die Regeln perfekter Harmonie. Sollte man sich

Biblioteca Laurenziana, San Lorenzo, Florenz

Stillstand verordnen im Augenblick der Perfektion oder darüber hinausgehen? Wie Michelangelo in den 1520er Jahren mit Architektur als Ornament hantierte, lässt keinen Zweifel an seiner Antwort. Er brach dem Manierismus Bahn, und das in allen drei bildenden Künsten. Er hatte die Decke der Sixtina zum Ort ruheloser Körperwindungen in dissonant-changierenden Farbkontrasten gemacht, er schuf eine Figura serpentinata (lat. serpiens = Schlange) wie den verträumten *Sieger*, den man neben den vier unfertigen *Boboli-Sklaven* nach Michelangelos Tod in seiner Werkstatt fand, dessen Kopf so klein ist wie die Kapitelle von Michelangelos Säulen, der sich vom Sockel aus wie eine Schraube zum Himmel windet und dazu einlädt, diese kreisende Bewegung als Betrachter nachzuvollziehen. Und was Michelangelo mit der Beschreibung des »Traumes einer Treppe« liefert, ist eine barocke Vision, die Architektur zur Skulptur macht und zum Exponat innerhalb eines auf sie zugeschnittenen Raums erhebt.

Eine orthodoxe Revolution
Das Jüngste Gericht (1534-1541)

Die Zeiten zu Beginn der 1530er Jahre waren düster für den Kirchenstaat, der Sacco di Roma saß dem Vatikan noch in den Knochen, der Papst krönte mit Karl V. ein letztes Mal einen Kaiser, die Türken standen vor Wien, Heinrich VIII. machte sich in Glaubensfragen selbständig, die Reformation war weiter auf dem Vormarsch und Luther ließ seine eigene Bibel drucken. Für Clemens VII. kam dies dem Weltende gleich. Er ließ sich nach 1529 von Benvenuto Cellini drei Münzen prägen, die den gefesselten, dornengekrönten Christus an der Geißelsäule, das wankende Kreuz, gestützt von Papst und Kaiser, und schließlich den Ur-Papst Petrus als Zweifler zeigen, wie ihm das Gehen übers Wasser gründlich misslingt. Diese in Gold geprägte Depression war einzigartig in der Geschichte des Vatikans (Fillitz 2005, S. 28).

In Michelangelo fand Clemens VII. den kongenialen Künstler, der die Finsternis zu monumentalisieren vermochte. Jedoch starb der Papst bereits, bevor Michelangelo mit der Übertragung des fertigen Kartons auf die Altarwand der Sixtinischen Kapelle begonnen hatte. Ab spätestens 1533 geplant, entstand das Fresko nach stockenden Anfängen unter Paul III. ab Herbst 1536. Dennoch, »der Terminus ›Propaganda‹ beschreibt Michelangelos Fresko gut« (Leander 2006, S. 106), denn auch hier folgt der Künstler einem stringenten Programm, das die Konsequenz der Prophezeiungen bis hin zum Jüngsten Gericht, wenn auch auf sinistre, so doch auf kraftvolle Weise vor Augen führt.

Ein Monumentalbild in finsteren Zeiten

In Luca Signorellis Zyklus vom Weltenende im Dom von Orvieto, dem Michelangelo viel verdankt, findet sich das *Jüngste Gericht*, wie in wenigen weiteren Fällen (etwa der Strozzi-Kapelle in S. Maria Novella in Florenz), ebenfalls auf der Altarwand, und Christus, im Deckenfresko thronend, erhebt sitzend die rechte Hand zum Urteilsspruch. Auf die klassischen Fürbitter Maria und Johannes wurde kein Wert gelegt. Michelangelos Christus tut es dem Vorläufer gleich und verzichtet entsprechend auf Gnadengesuche. Maria ist zwar gegenwärtig, wendet sich aber von Christus ab und scheint ihr Antlitz verhüllen zu wollen. Dies ist ein markantes Detail, das das Szenario der Hoffnungslosigkeit unterstreicht; weitaus bemerkenswerter jedoch ist, dass die Darstellung des ultimativen Endes nicht etwa wie üblich an der Eingangswand, sondern über dem Altar prangt, und das in der bedeutendsten Kapelle der Christenheit. Nicht die Himmelfahrt, nicht der Triumph, sondern der Schrecken erregende Jüngste Tag, an dem nach einer finalen Abrechnung der größte Teil der Menschheit zur Hölle fahren wird, vervollständigt das Raumprogramm, das nun von der Erschaffung der Welt bis zu ihrem endgültigen Untergang reicht.

Der bartlose Christus ist einem antiken Apoll ähnlich und in seiner Haltung und Position jenem Jupiter verwandt, den Michelangelo für Tommaso Cavalieri zeichnete (British Museum, London) und der den Sturz des anmaßenden Phaeton vom Firmament des Olymp herab betrachtet oder gar verur-

Christus als antiker Gott

Vgl. Abb. S. 96

Sixtinische Kapelle, *Jüngstes Gericht,* **Details Vatikan, Rom**

sacht. Auch hier ist die Ikonographie also austauschbar und durch das christliche Szenario leuchtet die Folie antiker Mythologie.

Der Weltenrichter ist von einer Körperaureole umgeben, die auf seiner rechten Seite aus der Tiefe des Raums auftaucht und links, teilweise von unten, hinter einer Wolke hervordrängt. Vier Figuren sind dabei besonders herausgestellt, die alle ihren Blick auf Christus richten. Die Gruppe links wird angeführt von einer Herkulesgestalt, sparsam mit Tierfell bekleidet, in der man (wie Vasari, GV 1983, Bd.V, S. 349) Adam vermuten darf, den Vater der Menschheit, während man unschwer in seinem Gegenpart Petrus erkennt, den Vater der Kirche, der Christus einen silbernen und einen goldenen Himmelsschlüssel entgegenhält (Matthäus 16,19). Auffällig ist, dass die Schlüssel fragmentiert erscheinen, als hätten sie ihre Funktionalität eingebüßt. Deutet man Petrus in diesem Zusammenhang als Stellvertreter des Papstes, dann scheint die pessimistische Botschaft deutlich: Die ohnmächtige Kirche hat die Macht verloren, die Himmelspforten aufzuschließen. Die beiden anderen Gestalten sind Laurentius, den Rost, auf dem man ihn marterte, wie eine Leiter über der Schulter, und Bartholomäus, der, mit dem Messer auf Christus deutend und wie der berühmte antike *Torso Belvedere* auf seiner Wolke hockend, seine eigene Haut über der Hölle herabhängen lässt, als wolle er sie gleich fallen lassen. Erblickt man in Christus den strahlenden Sonnengott Apoll, dann bekommt der gehäutete Greis noch einen eigenwilligen Subtext, denn am Ende des mythologischen Musikwettstreits zwischen dem Kitharaspieler Apoll und dem Flötisten Marsyas häutet der siegreiche Apoll den unverschämten Herausforderer.

In drei Leidensstufen vollzieht sich das Geschehen des *Jüngsten Gerichts*. Zuoberst bringen – teilweise unter immensem Kraftaufwand – Engel die Leidenswerkzeuge Christi wie Beweisstücke in einem Prozess herbei, rechts, auf der Ebene der Urteilsverkündung, sind die Kläger (unter anderen Sebastian mit Pfeilen, Katharina von Alexandria mit Rad, Simon Zelotes mit Säge) damit beschäftigt, ihre Marterwerkzeuge zu präsentieren und möglicherweise weiterzureichen, auf dass die unter ihnen Herabgestoßenen und Stürzenden, nach der Überfahrt im Boot Charons und nach dem Urteilsspruch des Minos – zwei Gestalten der griechischen Mythologie –, ihre adäquaten Höllenqualen erleiden können. »Michelangelo läßt die Märthyrer im jüngsten Gericht um Rache schreien!« meinte Hans Singer. »Sie halten Jesus die Werkzeuge hin, womit sie gefoltert wurden, um ihn zur Vergeltung aufzustacheln.« (Singer 1918, S. 19) Und diese Vergeltung ist allgegenwärtig. Das Höllenszenario, das der Dante-Experte Michelangelo ebenso wie die Auferstehung des Fleisches links unten von Signorelli inspiriert gestaltet hat, findet kein wirkliches Gegenstück. Nirgendwo sind glückliche Selige zu erkennen. Die Engel müssen harte Kämpfe ausfechten, um die Körper der Auferstehenden aus den Gräbern zu hieven und den Klauen gieriger Teufel zu entreißen. Mühsam und ängstlich versuchen sich die Geretteten gegenseitig auf Wolken zu ziehen und sich dort festzuhalten.

Über drei Leidensstufen zur Hölle

Dass ursprünglich daran gedacht war, Peruginos Altarbild zu erhalten, darauf scheint die Komposition des Freskos hinzudeuten. Die Mitte unter Christus ist wohl nachträglich mit der Gruppe von Fanfarenbläsern gefüllt worden. Der ursprüngliche Entwurf, wie sich gut erkennen lässt, spart in Altarbreite eine Fläche aus und rahmt diese mit zwei Figurengruppen: Links werden zwei Gestalten an einem Seil aufwärts gezogen, rechts wird ein in Entsetzen Gelähmter von zwei Dämonen nach unten gezerrt. Auch die Gruppen der beiden kopfüber Hängenden – links der nackte Körper von vorn, rechts von hinten gesehen – korrespondieren.

> »Dieser Künstler wollte niemals eine seiner Arbeiten sehen lassen und hegte Argwohn gegen die Seinen, da er merkte, daß sie mehrere Male, während er nicht im Hause oder bei der Arbeit war, Einem heimlich zeigten, was er ausführte. Einmal nun habe der Papst Michelangelo's Handlanger mit Geld bestochen, um die Capelle von Sixtus, seinem Oheim, zu sehen, die er malen ließ, wie ich bereits erzählt habe; Michelangelo aber den Verrat seiner Leute merkend, habe sich verborgen, und als der Papst in die Capelle trat, mit Brettstücken nach ihm geworfen.«
> (Giorgio Vasari über das Misstrauen Michelangelos gegenüber seinen Mitmenschen; GV 1983, Bd. V, S. 295)

Auf Kollisionskurs mit christlicher Moral Die Nacktheit war für Michelangelo ein Zeichen erhabener, zeitlos-antiker Größe, denn, so zitiert ihn Holanda, wo »findet man einen so barbarischen Verstand, der nicht begriffe, daß der Fuß des Menschen edler ist als sein Schuh, seine Haut schöner als das Fell der Schafe, aus dem man sein Gewand anfertigt?« (MB 1957, S. 195) Bei Michelangelo ist Nacktheit ein demokratisches Prinzip, das alle Körper zunächst einmal gleichermaßen und wertfrei auszeichnet. Engel, Heilige, Selige, Verdammte und Dämonen können gleichermaßen nackt sein. Nacktheit ist Natur und damit ein göttliches Geschenk, wie man es nutzt, ist Sache eines jeden Einzelnen.

Trotz aller Erhabenheit und Finsternis des Bildthemas könnte man die schlaffe, geisterhafte Haut mit den Gesichtszügen

Michelangelos für einen Künstlerscherz halten, vor allem
wenn man tatsächlich in den Zügen des Bartholomäus ein
Porträt des moralisierenden Michelangelo-Kritikers Pietro
Aretino erkennen möchte. Vasari jedenfalls traut dem Maler
derartige Ironie zu, wenn er berichtet, Biagio da Cesena, der
Zeremonienmeister des Papstes, habe kritisiert, »es sey wider
alle Schicklichkeit, an einem so heiligen Ort so viel nackte Gestalten zu malen, die aufs unanständigste ihre Blößen
zeigten, und daß das kein Werk für die Capelle des Papstes,
sondern für eine Badestube oder Kneipe sey«. Michelangelo
habe ihn daraufhin aus Rache als Höllenrichter Minos ver-
ewigt (GV 1983, Bd. V, S. 347) – der Kopf einer Schlange (derselben, die sich um seinen Körper windet?) schnappt dabei
nach seinem Penis.

So amüsant das rückblickend klingt, für die Künstler der Zeit
war die Gegenreformation bedrohlich. Es klingt wie eine War-
nung, wenn Vasari in der Einleitung seiner Viten (GV 1983,
Bd. V, S. 29) an die verheerende Wirkung des religiösen Fana-
tismus am Ende der Antike erinnert: »Was aber mehr als Alles
den schönen Künsten Verderben brachte, war der ungestüme
Eifer der neuen christlichen Lehre.« Als sich der Venezianer
Paolo Veronese (1528-1588) 1573 vor der Inquisition verteidi-
gen musste, weil er Dinge gemalt hatte, die im Rahmen der
Botschaften der katholischen Kirche für entbehrlich galten,
berief er sich auf Michelangelo. »Wißt ihr nicht«, fragte der
Inquisitor, »daß sie in Deutschland und in anderen von der
Ketzerei verheerten Orten die Gewohnheit haben, mit ihren
Bildern von Albernheiten die Angelegenheiten der heiligen
katholischen Kirche zu erniedrigen und ins Lächerliche zu
ziehen?« Veronese antwortete, es sei ihm eine Pflicht, seinen
Lehrmeistern zu folgen: »Michelangelo hat zu Rom in der
Kapelle des Papstes unseres Herrn seine Mutter, die Heiligen
Johannes und Petrus und den himmlischen Hofstaat dargestellt, und er hat alle Personen, wie z. B. die Jungfrau Maria,
nackt dargestellt und in verschiedenen Stellungen, welche
die heiligste Religion ihm nicht eingegeben hat.« Die venezianische Inquisition hatte das Werk offenbar ebenso wenig
vor Augen wie Veronese und wusste auch nichts von den zwi-

**Bedrohte
Künstler**

schenzeitlichen Vorgängen in Rom, denn sie fragte den Maler
lediglich: »Wißt ihr denn nicht, daß, wenn man das Jüngste Gericht malt, für welches man keine Kleider annehmen
darf, man auch keine zu malen Ursache hat?« (Zit. n. Guhl
1880, S. 363) Michelangelo erschien Veronese offenbar als eine
Instanz, auf die man sich sogar vor der Inquisition berufen
konnte. Allerdings war auch diese Instanz nicht vor Revisi-
onen sicher, denn nur wenige Jahre nach der Fertigstellung
sollte die Prüderie so weit gehen, dass man die Zerstörung des
Freskos forderte und – quasi als Kompromiss – alle Hintern
und Genitalien mit leichten Tüchern verschleierte (GV 1983,

»Heute wieder Sixtina. Gewaltensturm im jüngsten Gericht, urgebirgs-, urweltkräftig. Michelangelo genoß die Titanenehre, in den Rat der Götter gezogen zu werden; er war dabei, stand ganz nahe, als aus dem Urfeuerschoß die ewigen Formen erquollen. Aber da dies doch über Menschengrenzen geht, so brannte er dabei das Hirn etwas an, und das verrät sich in geschwollener Ueberstärke, wildem Herumwerfen, in zu sichtbarem Zeigen seines Könnens, einem Reißen, Stoßen, Schlenkern, Aufbauschen, Rollen und wie man sonst die Auswüchse nennen mag, an welche dann die Ausartung sich knüpfte. Kurz, ich bleibe eben bei meinem Raffael, obwohl ich seine Achillesferse nun auch kenne, bleibe bei ihm, weil man von keinem Künstler in der Welt so sagen kann: was er gemacht, ist schön; – weiß wohl, was man dagegen hat; wird gar noch eine Zeit kommen, wo ein Künstler nichts mehr gilt, wenn er Schönes bildet.«
(Der Literaturwissenschaftler, Philosoph und Theologe Friedrich Theodor Vischer 1878 über Schönheit und Urgewalt; Vischer 1987, S. 476 f.)

Bd. V, S. 185). »So wurde bis ins 18. Jahrhundert hinein das Werk Michelangelos immer wieder bekleidet, verbessert und respektlos übermalt«, schreibt Rolland. »Heute ist es unmöglich, sich von seinem wirklichen Aussehen eine Vorstellung zu bilden, und namentlich nicht von seinem Kolorit, dessen Harmonie widerwärtig zerstört wurde. Michelangelo sah gelassen zu, wie man sein Werk verstümmelte. Man fragte ihn nach seiner Meinung. Er antwortete ohne Zorn, mit ruhiger Verachtung: ›Sagt Sr. Heiligkeit, es sei nur eine Kleinigkeit, die leicht richtigzustellen sei. Möge Se. Heiligkeit darüber wachen, die Welt in Ordnung zu bringen; eine Malerei zu ändern, ist keine große Sache.‹« (Rolland 1922, S. 74)
Michelangelo schickte seinen Freund und Mitarbeiter Daniele da Volterra (1509-1566) für die prüden Korrekturen, was diesem den Spitznamen »Lätzchenmaler« einbrachte.

Wiederaufbau und Propaganda
Das Kapitol (ab 1536)

Vgl. S. 56 Wie schon in seiner Skulptur und Malerei war für Michelangelo auch in der Architektur das Maß aller Dinge der menschliche Körper, »die Glieder der Architektur haben ihr Vorbild in den Gliedern des Menschen« (MB 1957, S. 124). Das mag ein Allgemeinplatz der Renaissance sein, für Michelangelo aber ergibt sich daraus geradezu zwingend, dass der beste Architekt letztlich immer ein Bildhauer ist, denn »wer kein guter Künstler im Gestalten von Körpern war oder ist und besonders kein Kenner der Anatomie, kann nichts davon verstehen« (ebd.).

Architektur als Skulptur Es galt, Architektur zu formen wie Körper, den noch freien Raum wie einen Marmorblock zu betrachten, in dem das fertige Werk bereits Gestalt angenommen hat. Dass Michelangelo beim Entwerfen von Bauten ähnlich vorging wie bei der Skulptur, ist offensichtlich, er sah keinen wesentlichen Unterschied zwischen den Künsten und war lange stolz darauf, sich als »Michelangelo scultore« zu bezeichnen, obwohl er längst schon überwiegend als Architekt tätig war.

Das proportionale Urbild des Menschen war seit der Antike die Säule. Es war daher äußerst naheliegend, dass Michelangelo ihr sein besonderes Augenmerk widmete und sie in monumentaler Form geradezu als Maß an seine Bauten »anlegte«, auch wenn sie keinerlei tragende Funktion besaß.

Palazzo Farnese Der Palazzo Farnese, auf der Achse Sankt Peter–Kapitol, zwischen geistlichem und weltlichem Machtzentrum gelegen, war schon zu weit unter der Bauleitung Antonio da Sangallos fortgeschritten, um unter der Ägide Michelangelos noch eine Kolossalordnung zu erhalten, jedoch zeichnen sich sowohl Sankt Peter als auch die Bauten des Kapitols durch Kolossalordnungen aus, und der Palazzo Farnese erhielt ein Kranzgesims, das in seiner ziselierten Feingliedrigkeit und seinen imposanten Dimensionen die drei Geschosse zusammenfasste, als seien sie eines. Das verbreiterte Mittelfenster mit Papstwappen, ein pompöser Rahmen für Auftritte des Papstes, unterstrich die repräsentative Funktion des Baus als Schnittpunkt von Familie, Politik und Religion.

Ordnung und rechtes Maß waren für Einzelbauten gefordert, aber Michelangelo war auch oberster Baumeister des Papstes und damit ein maßgeblicher Faktor für die Ordnung der gesamten Stadt. Zur Demonstration päpstlichen Machtanspruchs ließ Paul III. die Via Papale (heute etwa der Straßenverlauf Corso Vittorio Emanuele II./Via d'Aracoeli) durch den Abriss eines mittelalterlichen Viertels am Westhang des Kapitols bis zum Senatorenpalast (römisches Rathaus) fortführen und vor seinem Familienpalast einen Platz freibrechen, wie er zu einem Gebäude gehörte, das sich auf Augenhöhe mit Senatorenpalast und Peterskirche bewegen wollte. Wie mit einem scharfen Messer ist denn auch die Straße quer über den Campo dei Fiori gezogen, die seit 1538 den Palazzo Farnese an die Via Papale anbindet. Die päpstlichen Machtdemonstrationen, die sich in Prozessionen manifestierten, konnten nun den Palazzo Farnese und nach antikem Vorbild der Triumphzüge auch das Kapitol, lange Symbol republikanischer Unabhängigkeit, einbeziehen. Für alle, bei denen die Propaganda noch immer nicht angekommen war, verewigte Michelangelo auf dem Sockel der Reiterstatue des Marc Aurel, die ebenfalls 1538 im Zentrum des neu zu schaffenden Kapitolsplatzes aufgestellt wurde, Papst Paul III. mit einer Inschrift und dem Farnese-Wappen.

Die Kirche hatte die Chance nach dem Sacco di Roma, den sie verursacht hatte, zu nutzen gewusst. Die Stadt lag danie-

Kapitol, Rom

der, das Kapitol war verwüstet. Beim Wiederaufbau die entscheidenden Akzente zu setzen gelang keinem nachhaltiger als dem Farnese-Papst und seinem Hausarchitekten.

In den 1540er Jahren entwarf Michelangelo die Fassade des Senatorenpalastes. Über einem Rustikasockel erhebt sich ein Hybridbau, eine Mischung aus Burg mit betonten Eckrisaliten und mittelalterlichem Palazzo Comunale mit Glockenturm. Dieser Bau thront an der Stirnseite des Platzes und wird wie zu einem Ehrenhof von zwei Flügeln flankiert, dem Konservatorenpalast und seinem baugleichen Gegenstück, dem Palazzo Nuovo. Alle drei Bauten wurden nach Michelangelos Plänen ausgeführt. Zu Lebzeiten entstand allerdings lediglich die Rampe, die den Anschluss zur Via Papale gewährleistet. Durch die leicht schräg gestellten Fassaden der Flügelbauten erscheint die Piazza del Campidoglio beim Betreten über die Rampe nahezu quadratisch und das ovale geometrische Ornament, das sich wie eine Blüte von der Statue Marc Aurels ausgehend entfaltet, von diesem niedrigen Standpunkt aus kreisförmig. Der umgekehrte Effekt stellt sich ein, wenn man von der Freitreppe des Senatorenpalastes auf den Platz hinuntersieht: Die Flanken verjüngen sich, das Oval wird dominant und hinter der Brüstung, jenseits der künstlich gestreckten Perspektive, eröffnet sich das Panorama Roms.

»O weiser Greis, Gott teuer, hell geboren,
Weltschmücker mit so vielen, anmutsreichen
Gebilden, die nicht Lohn vergilt noch Gunst –
Euch, der zum Spiegel der Natur und Kunst
Durch ew'gen Freibrief der Geburt erkoren,
Ging keiner je voran, wird keiner gleichen.«

(Benedetto Varchi 1545 an Michelangelo;
MB 1842, S. 291)

Die Kolossalordnung des Senatorenpalastes wird in den Seitengebäuden aufgegriffen. Acht Pilaster auf Postamenten tragen ein wuchtiges Gebälk, dazwischen sind zwei Geschosse eingeschoben. Das untere springt zurück zu einer verschatteten Kolonnade, das obere tritt plastisch durch Ädikula vor. Die kontrastreiche Strenge des Aufbaus wird durch eine verspielte, figurengeschmückte Balustrade gemildert, die im Stil die Balustrade des Platzes zur Stadt hin aufgreift.

»Sein erster Gedanke ist nie die Einzelbildung, auch nicht der konstruktive Organismus, sondern das große Gegeneinanderwirken von Licht und Schattenmassen, von einwärts- und auswärtstretenden Partien.« Diese Bemerkung Jacob Burck-hardts (1953, S. 199) ist sehr allgemein gehalten und doch zu-gleich auf die Bauten des Kapitols absolut zutreffend, auch wenn sie sich nicht konkret auf sie bezieht, sondern Michel-angelos architektonisches Gesamtwerk zu fassen sucht. Mehr in der Skulptur als in der Malerei und mehr in der Architek-tur als in der Skulptur veranstaltet Michelangelo ein Fest der Vielfalt, aus der sich nur grob umrissene Prinzipien herausle-sen lassen. Vor allem die Bauten seiner römischen Zeit »sind so vielfältig, so erfindungsreich, so heterogen, dass sie sich nicht auf eine lineare Entwicklung reduzieren lassen« (From-mel 1979, S. 184).

Keine Abweichungen von der Wahrheit
Der Petersdom (1547-1564)

Die Idee, Sankt Peter als Zentralbau zu errichten, geht auf Giuliano da Sangallo zurück und stammt noch aus einer Zeit, in der der optimale Grundriss einer Kirche heftig diskutiert wurde. Für einen Zentralbau sprach die Perfektion der Form, der ein Kreis, schon laut Platon das Symbol göttlicher Har-monie, zugrunde lag. Für das lateinische Kreuz dagegen spra-chen sowohl die christliche Symbolik als auch der gen Osten gerichtete Gottesdienst, für den ein Zentralbau, vor allem mit zentral arrangiertem Altar, problematisch war. Das formale Prinzip stand gegen das liturgische und geriet zunehmend ins Hintertreffen. Es galt, gerade in Rom der katholischen Macht ein Monument zu errichten, das über jeden Verdacht erha-ben war, von platonischen Gedanken abhängig zu sein oder gar eine heidnische Bauform, die in der Antike bei Kaiser-gräbern besonders beliebt war, zu übernehmen (vgl. Bering 2003, S. 60).

Mit Petrus aber verband sich in Rom der Zentralbau, denn in der Sixtina hatte Perugino 1482 die *Schlüsselübergabe* von Je-sus an Petrus und damit die Ermächtigung des Papstes durch Gott vor dem Prospekt eines überkuppelten, oktogonalen Zentralbaus (flankiert durch Triumphbogen) dargestellt, und Bramante hatte 1502 im Kloster S. Pietro in Montorio, auf

Zentralbau oder lateinisches Kreuz?

dem Gianicolo, wo Petrus sein Martyrium erlitten haben soll, sein berühmtes Rundtempelchen errichtet. Erhaben und nach allen Seiten frei stehend, ein solches Ideal schwebte ebenfalls Giuliano da Sangallo und Bramante vor, auch wenn man ein Jahrhundert später erst den Mut für die Entscheidung aufbrachte, den Vorgängerbau, die ehrwürdige konstantinische Basilika, komplett abzureißen.

Pläne Bramantes und Sangallos Als 1505 mit der Konzeption von Neu-Sankt Peter begonnen wurde, war zunächst der Bezug zur Antike relevant. Bramante plante sogar, den Eingang so zu drehen, dass der Obelisk, der in seiner Spitze angeblich die Asche Julius Cäsars barg, auf dem Vorplatz zu stehen kam. Julius Cäsar vor dem Tor und innen das Grabmal des Papstes: Sankt Peter als Familien- und Grabkirche des Della-Rovere-Papstes, des neuen, zweiten Julius. Vielleicht hätte der sich sogar auf diese Anmaßung eingelassen, doch dass dafür das Grab des heiligen Petrus hätte verlegt werden müssen, ging selbst ihm zu weit.

Als Michelangelo 1547 die Bauleitung übernahm, war man schon mehr als vierzig Jahre an der Arbeit und Antonio da Sangallo (1483-1546) hatte einen ausgeklügelten Kompositbau, eine raffinierte Verschmelzung von Zentral- und Langhaus, mit einer brillant durchdachten Kuppelkonstruktion entworfen.

Michelangelo konnte sich jedoch mit den neu erlangten Vollmachten als oberster Baumeister der katholischen Zentrale wie eine Art »Kirchen-Fürst« von Sankt Peter fühlen. Zu keinem Zeitpunkt der Geschichte war ein Künstler bei einem Großprojekt mit derart weitreichenden Freiheiten ausgestattet worden, und es sah so aus, als ob er, wie seine Vorgänger, auf Lebenszeit dieses Amt ausfüllen würde. Es war für ihn folglich geradezu eine persönliche Herausforderung, den Zentralbaugedanken wiederzubeleben, seine Durchsetzungskraft noch einmal zu erproben, die formale Perfektion über alle dem Funktionalen geschuldeten Kompromisse zu stellen und Sangallo posthum zu diskreditieren.

Die Strategie des Künstlerfürsten Ein erfolgreicher Fürst jedoch muss alles daransetzen, dass »sein Urteil als unwiderruflich gilt«, und er muss sich sofort Respekt verschaffen. Er darf keinesfalls als »wankelmütig, leichtsinnig, weibisch, feig und unentschlossen« gelten (Machiavelli 2007, S. 90). Da die ihm Untergebenen sich weniger scheuen, »den zu beleidigen, der sich beliebt macht«, ist es besser, gefürchtet zu sein und Feinde zu haben (ebd., S. 83 f.). Zumal man zu Ruhm durch die Überwindung von Widerständen gelangt, »weshalb denn auch das Schicksal, besonders, wenn es einen Fürsten groß machen will [...], ihm Feinde erweckt und diese zu Anschlägen gegen ihn veranlaßt, damit er sie überwinde und auf der Leiter, die ihm seine Feinde bereitet haben, noch höher steige« (ebd., S. 103 f.). Schließlich »muß ein kluger Fürst es so einzurichten verstehen, daß seine Bürger stets und in jeder Lage den Staat und ihn nötig haben: dann werden sie stets treu sein« (ebd., S. 84).

Man kann den Eindruck gewinnen, Michelangelo habe Machiavellis *Fürst* nicht nur gelesen, sondern auch beherzigt. Zumindest partiell. Jedenfalls handelt der Künstler von Beginn an, wie es einem erfolgreichen Fürsten ansteht: »Gewalttaten muß man alle auf einmal begehen, damit sie weniger empfunden werden und dadurch weniger erbittern. Wohltaten dagegen muß man nach und nach erweisen, damit sie nachhaltiger wirken« (ebd.).

Der erste Akt, den Michelangelo in seiner neuen Stellung vollzog, war die Verhöhnung der bisherigen Bauleitung und die Weigerung, mit der Sangallo-Fraktion zusammenzuarbeiten. Doch ein fähiger Fürst, sagt Machiavelli, ist der, der »im Notfall sich durch eigene Kraft behaupten kann« (ebd.).

Und er muss bei allen nötigen Verbannungen seiner Gegner »maßvoll, vorsichtig und menschlich verfahren, auf daß ihn nicht Vertrauensseligkeit blind und Argwohn unerträglich mache« (ebd., S. 103). Nun stand die Macht Michelangelos nur auf dem Papier und war vom Papst verliehen. Der Widerstand der Realität war dagegen größer als erwartet.

Sieben Jahre hatte Antonio Labacco (1495-1570) am hölzernen Sangallo-Mo-

Petersdom, Kuppelmodell, Vatikanische Museen, Rom

dell gearbeitet, das eine gigantische Anlage festschreiben wollte, für deren Errichtung man noch viele Jahrzehnte, wenn nicht Jahrhunderte benötigt hätte. Bei allen persönlichen Verstimmungen ist Michelangelo angesichts dieses Monstrums plötzlich von der Qualität des Bramante-Entwurfs überzeugt. »Es läßt sich nicht leugnen«, schreibt er aus Rom 1546 an einen florentinischen Freund, »daß Bramante in der Architektur so tüchtig war wie kein anderer von den Zeiten der Antike bis auf unsere Tage. Er entwarf den ersten Plan für San Pietro, ohne jede Verwirrung, klar und einfach, licht und frei nach allen Seiten […] Ein jeder aber, der sich, wie es Sangallo tat, von der Konstruktion Bramantes entfernte, ist auch von der Wahrheit abgewichen.« (MB 1957, S. 108) Es klingt geradezu satirisch, wenn Michelangelo die Dunkelheit des Sangallo-Baus drastisch anprangert. Er sieht überall »Schlupfwinkel, oben und unten, finstere Ecken, die allen möglichen Schurkereien Vorschub leisten können und als Unterschlupf dienen können für Verbannte etwa, für Falschmünzerei, Nonnenschwängerung und andere Schurkereien« (ebd.). Zudem würde der Bau zahlreiche Gebäude im Umfeld bedrohen, darunter sogar die Sixtinische Kapelle – ein Albtraum für Michelangelo, den es um jeden Preis abzuwenden galt.

Allein die Tatsache, das ein Modell – und auch noch ein Holzmodell, das zur Kleinteiligkeit verführte – alle weiteren Schritte vorzeichnen wollte, lief den Vorstellungen Michelangelos von Architektur grundsätzlich zuwider. »Das Diktum, daß der Prozeß das Ziel sei, war für ihn keine Floskel. Wenn der Abschluß eines Werkes den Tod des Schaffensvorganges bedeutete, dann mußte für ihn bereits die Herstellung eines verbindlichen Modells den Beginn dieser Mortifikation bewirken«, schreibt Horst Bredekamp (2000, S. 65). Für den Wunsch Sangallos, seine Ideen über seinen Tod hinaus festzuschreiben, hatte Michelangelo zu diesem Zeitpunkt noch

Werk

kein Verständnis, noch war er im Vollbesitz seiner Kräfte und schrieb 1549 an seinen Neffen, er fühle sich »wie ein Dreißigjähriger« (MB 1957, S. 113). Erst einige Jahre später keimte auch bei ihm die Angst auf, man könne seine Ideen nach seinem Ableben so über den Haufen werfen, wie er es mit den Ideen seiner Vorgänger getan hatte. So wie die Anhänger Sangallos nach dessen Tod sein Neu-Sankt-Peter-Projekt in verschiedenen Ansichten stechen ließen, entstanden 1569 Stiche von Michelangelos Version. Ein Zentralbau, der Kreis, Kreuz und Quadrat klar und monumental verschmilzt und dabei die äußerste Gebäudeschale des Sangallo-Entwurfs einfach eliminiert: »Im Umfang kleiner, in der Wirkung aber um so größer«, befindet Vasari (GV 1983, Bd. V, S. 359). Die dreistöckige Außenfront Sangallos wird zu einer Kolossalordnung mit Attika, die Kuppel wie die des Pantheons als Halbkugel angelegt und wie beim Florentiner Dom durch Rippen rhythmisiert, die in den gekuppelten Säulen des Tambours ihre Fortführung finden. So weit das Ergebnis, doch der Weg dorthin war chaotisch.

Michelangelos Kriegserklärung begann mit der Entlassung Antonio Labaccos und Nanni di Baccio Bigios und setzte sich fort in der Weigerung, vor seiner Baukommission seine Pläne darzulegen. Nur er allein wusste, was jeweils als Nächstes passieren würde. Damit gedachte er sich unentbehrlich zu machen und Kritik an seinen Plänen – mangels Plänen – von vornherein auszuschließen. Moralisch stand er zugleich über der Korruption des Baubetriebs, da er offiziell ganz auf Bezahlung verzichtete und nur zum Ruhme Gottes ehrenamtlich arbeitete. Dass er tatsächlich aus anderen Quellen den doppelten Lohn seines Vorgängers erhielt, wurde diskret behandelt (Bredekamp 2000, S. 70).

Der Kampf gegen die Sangallo-Fraktion

Michelangelo provozierte die Sangallo-Fraktion, die sich zäh auf der Baustelle behauptete, durch eine Unberechenbarkeit, die sie faktisch entmündigte. Hatte Bramante bereits den Spitznamen »Ruinante« verpasst bekommen und warf Michelangelo Sangallo barbarische Absichten vor, so wurde er seinerseits als Zerstörer angeprangert.

Den größten Teil der Bausumme, die bis 1552 bereitgestellt

»Bei dem alternden Michelangelo überwog der Schrecken die Lust, die Last der Gesichte war stärker als die Freude am schöpferischen Spiel, und je älter er wurde, desto mehr erlosch diese Freude, bis er schließlich nur noch das andere auszudrükken versuchte, ungeduldig, achtlos, irgendwie, und dann endlich seine Werke zerstörte, um dem reinen Geist nicht länger im Wege zu sein. In der sistinischen Decke hält sich noch beides die Waage, Gottesschrecken und Schaffenslust.«
(Marie Luise Kaschnitz' Betrachtungen zum Deckengemälde der Cappelle Sistina; Marschall von Bieberstein / Schnebel-Kaschnitz (Hrsg.) 2000, S. 139 f.)

Ein taktisches Verwirrspiel

wurde, habe er, so ein Kommuniqué seiner Gegner, für Abrissarbeiten ausgegeben. Das, was Michelangelo dagegen neu errichtete, schien keinerlei Konzept zu folgen, wirkte für Außenstehende sprunghaft und wirr. Doch bei genauerer Betrachtung verfolgte er das mehrfach schriftlich formulierte Ziel, den Bau so weit voranzutreiben, dass nichts mehr geändert werden konnte. Einem Kardinal gegenüber erläuterte er indirekt sein Vorgehen: »Wenn ein Entwurf verschiedene Teile hat, so müssen alle die, welche an Wert und Größe gleich sind, wie auch deren Gegenstücke, in derselben Weise geschmückt werden [...] Die Mitte ist stets nach Belieben frei, wie ja auch die Nase, die in der Mitte des Gesichts sitzt, weder von dem einen noch von dem anderen Auge abhängig ist. Eine Hand aber muß wie die andere sein, ein Auge wie das andere.« (MB 1957, S. 124) Indem er auf Symmetrie setzt, genügt es, immer nur ein Exempel zu statuieren, nach dem notwendigerweise das Gegenstück identisch gestaltet werden muss. Michelangelo vollendet folglich die Südapsis (1549-1560), ohne viel Zeit auf die Nordapsis zu verschwenden, er treibt den Kuppeltambour in die Höhe und die Nebenkapellen in die Ecken des Quadrats voran, eine bis zu ihrer weitgehenden Fertigstellung. Rückblickend sollte er mit seiner Methode Recht behalten, denn lediglich dort, wo noch keine verbindlichen Vorgaben bestanden, wichen seine Nachfolger ab: bei der Gliederung der Attika, die sich Michelangelo ganz schmucklos vorgestellt

Sixtinische Kapelle, *Erschaffung des Adam*, Vatikan, Rom

hatte, nur mit Thermenfenstern versehen, die die Fenster der Kolossalordnung nach oben abschließen und zu langgestreckten Bogen zusammenfassen sollten, und bei der Kuppel, die Giacomo della Porta (1532-1602) etwas mehr streckte und ihr so mehr Dynamik und Stabilität verlieh.

Bis zuletzt wurde geplant, gebaut, umgeplant und abgerissen. Die Architekten warfen sich das gegenseitig vor, doch letztlich war dies die einzige Methode, sich an den größten Sakralbau der Christenheit heranzutasten. Der Akt der »produktiven Zerstörung« (Bredekamp 2000) nahm seinen Anfang mit den radikalen Plänen Bramantes und endete erst 1615 mit dem endgültigen Abriss von Alt-Sankt Peter. Michelangelo kam diese Art der Arbeit entgegen, er ließ sich immer in seiner Arbeit einen gewissen Spielraum, den er sich bis zuletzt, bis zu seinem Tod, offenhielt.

Wirkung

Im Schatten: Die vielen Schüler des Einzelgängers

Ist das Œuvre Michelangelos bereits so vielschichtig, dass es hier lediglich exemplarisch anhand der prominentesten Werke skizziert werden konnte, so gestaltet sich sein Nachleben noch komplexer. Die Kontroverse, die sein Ästhetikbegriff auslöste, bestimmte das 16. Jahrhundert und flammte im späten 18. Jahrhundert erneut auf. Zu Michelangelo musste man Stellung beziehen. Unberührt ließ dieses Werk niemanden und so lag auch der Ablehnung eine klare Positionierung zugrunde.

Mythos Misanthrop Michelangelo als Mensch trat lange hinter seinem Schaffen zurück. »Im Übrigen war der Mann mit seiner Begabung von Natur aus so rau und schroff, dass er, abgesehen von dem unglaublichen Schmutz seines häuslichen Lebens, der Nachwelt Nachfolger in seiner Kunst nicht gönnte. Denn obgleich er von den Fürsten beschworen wurde, konnte er niemals dazu gebracht werden, jemanden in die Lehre zu nehmen oder wenigstens zum Zuschauen in seine Werkstatt einzulassen.« So enden die knappen Aufzeichnungen Paolo Giovios zu Michelangelo aus dem Jahre 1527 (zit. n. Zöllner 2002, S. 83). Mit 52 Jahren war sein Ruf als Misanthrop bereits gefestigt, was ihn nicht daran hinderte, auch selbst an diesem Bild weiter mitzuwirken. Es klingt wie eine Bestätigung Giovios, wenn ihn ein Jahrzehnt später de Holanda zitiert: »Ich versichere Euch, daß mich sogar Seine Heiligkeit langweilt, und daß ich manchmal seiner überdrüssig werde, wenn er mit mir spricht und sich so aufdringlich danach erkundigt, warum ich ihn nicht besuche; und dabei glaube ich, daß ich ihm besser diene, wenn ich in meinem Hause für ihn arbeite, als wenn ich, sobald er es wünscht, zu ihm gehe, obwohl ich dazu wenig Lust verspüre.« Und er resümiert: »Ich möchte behaupten, daß derjenige kein außergewöhnlicher Mensch ist, welcher der unwissenden Masse, nicht aber seiner Berufung dient, ebensowenig wie jener, der nichts ›Einzelgängerisches‹ oder ›Absonderliches‹ an sich hat.« (MB 1957, S. 167 f.)

Solcher Äußerungen ungeachtet, gab es eine ganze Schar von

Nachfolgern, die jedoch weitgehend im Schatten des Meisters standen bzw. von der Kunstgeschichte dorthin gestellt wurden. Der wahre Kern von Giovios Worten mag darin liegen, dass der raue und schroffe Künstler tendenziell lieber farblose und liebenswerte Bewunderer um sich hatte als unbequeme und eigenständige Talente. Darin ist er jedoch keine Ausnahme in der Kunstgeschichte.

Dem gepflegten Mythos vom Einzelgänger steht eine ausgedehnte Teamarbeit Michelangelos entgegen. In weiten Phasen seiner Laufbahn, vor allem als die Nachfrage nach seinen Werken immens angestiegen war, arbeitete er mit jüngeren Künstlerfreunden zusammen, die Ölbilder nach seinen Zeichnungen ausführten, darunter auch erstrangige Meister wie Sebastiano del Piombo, später Jacopo Pontormo (1494-1557) und schließlich Marcello Venusti (1512-1579) – Michelangelo war auch Pate von dessen Sohn –, Daniele da Volterra (1509-1566), der ihm bis in den Tod zur Seite stand, und Tiberio Calcagni (1532-1565), Michelangelos Erbverwalter.

Michelangelo als Teamarbeiter

Vgl. Abb. S. 111

Der Geniekult, der in der bürgerlichen Welt des 19. Jahrhunderts besonders schillernd erblühte und noch immer wenig von seiner Faszination eingebüßt hat, steht dem Gedanken der künstlerischen Zusammenarbeit konträr entgegen, so dass Michelangelos Mitarbeiter marginalisiert und ihre Werke, statt sie als einzigartige Zeugnisse einer kreativen Symbiose zu beachten, mit relativer Geringschätzung betrachtet wurden.

Trotz der engen freundschaftlichen Verbindungen wirkte, was Paolo Giovio noch nicht absehen konnte, Michelangelo weniger durch seine Person als durch sein Werk, dem sich kaum jemand entziehen konnte. »Er hinterließ die Skulptur erschüttert und umgestaltet«, schreibt Jacob Burckhardt zu Recht. »Keiner seiner Kunstgenossen hatte so fest gestanden, daß er nicht durch Michelangelo desorientiert worden wäre.« (1953, S. 405)

Die Einflüsse gingen weit über Michelangelos doch eher engen unmittelbaren Wirkungsbereich hinaus. Der Venezianer Battista Franco (1510-1561) verbrachte rund 20 Jahre in Rom, zeichnete sich als der gewissenhafteste Kopist Michelangelos

Venezianische Nachwehen

aus und interpretierte dessen stilistische Auffassungen auch in seinen bemerkenswerten eigenen Werken. Tintoretto inszenierte sich selbst, nachdem er sich vor Ort in Venedig nicht gegen Tizian durchsetzen konnte, zusehends als Michelangelo-Konkurrent mit überregionaler Ausrichtung (Richter 2000, S. 66), ohne dass er wohl jemals die Reise nach Rom oder Florenz angetreten hat. Ebenfalls auf Zeichnungen und Drucke griff der Sansovino-Schüler Alessandro Vittoria (1525-1608) zurück, der sich mit fortschreitendem Alter zunehmend als Michelangelos legitimer Nachfolger in der Darstellung des männlichen Aktes sah – in Bezug auf den weiblichen orientierte er sich verständlicherweise lieber an Parmigianino (1503-1540).

Auch am Hof der französischen Könige und vor allem in Spanien entwickelte sich eine extreme Körperauffassung, der **El Greco** Michelangelos *Figura serpentinata* zugrunde lag. El Greco (1541-1614), als ganz junger Künstler geprägt in der Werkstatt Tizians und beeinflusst von der ihm folgenden venezianischen

Daniele da Volterra, *Kindermord*, Uffizien, Florenz

Generation, vor allem von Tintoretto, kam sechs Jahre nach Michelangelos Tod nach Rom, und man erahnt die Mischung aus Faszination und Widerwillen vor den Werken des »göttlichen Malers«, die in seiner Kunst ein Echo findet. Ab 1577 in Spanien, trieb er die geschraubte Figur weiter in langgestreckten, flüchtig konturierten, flackernden Figuren in gelegentlich grell aufflammender Farbigkeit bis hin zu einer von der schweren Physis Michelangelos befreiten, entkörperlichten Vision und überträgt dieses Stilprinzip auch auf die Landschaft, die teilweise expressionistische Qualitäten annimmt.

Nach der Restaurierung der Sixtinischen Kapellendecke ist die Mär vom gedämpften Kolorit Michelangelos einer intensiv leuchtenden und changierenden Realität gewichen, die sich selbstverständlich in Nachzeichnungen und Druckgrafik nicht vermittelte, sondern nur vor Ort und wohl nur einige Jahrzehnte erlebbar war, bis Ruß und Restaurierungsversuche das Werk verdunkelten. Auch deshalb ist Michelangelo als der Meister des Disegno und der plastischen Körperlichkeit und nicht als Experimentator der Farbe in die Geschichte eingegangen. Künstler wie Marcello Venusti, der die erste großformatige Kopie des *Jüngsten Gerichts* in Öl anfertigte, Battista Franco oder auch El Greco konnten dagegen das ursprüngliche Kolorit noch erleben und in ihren Arbeiten reflektieren.

Michelangelo, wenn man dem Portugiesen Francisco de Holanda glauben darf, war der Auffassung, dass gute Malerei die

oben: *Madonna del Silenzio*, Duke of Portland Collection, London
unten: Marcello Venusti, *Madonna mit Kind*

Was ist gute
Kunst? – Teil II,
vgl. S. 71

göttliche Vollkommenheit nachahmt. Die italienische Malerei ist, so Michelangelo, in diesem Sinne gut. Und zwar nicht,
weil sie aus Italien stammt, sondern weil sie gut und eben in
Italien beheimatet ist. »Italienisch« ist so zu einem Synonym
für gute Malerei geworden, die man folglich immer »italienisch« nennen wird, auch wenn sie anderswo entsteht. Umge-
kehrt wird man schlechte Kunst, die in Italien entsteht, nie
»italienisch« nennen, zumal es fast ausgeschlossen scheint,
dass in Italien schlechte Kunst entsteht. Selbst ein italienischer
Anfänger wird mehr Substanz zu Papier bringen als ein ausländischer Meister, denn der Italiener hat die Antike vor Augen, und die Antike ist ein Geschenk des Himmels. Auch
wenn sich ein ausländischer Meister noch so müht – jeder
wird sofort erkennen, dass seine Werke nicht von einem Italiener stammen. So Michelangelos akrobatische Volte, allerdings gebe es zwei Ausnahmen und das seien die Spanier Pedro Machuca und Alonso Berruguete (MB 1957, S. 170). Deren Werke seien italienisch. Dass Michelangelo ausgerechnet
diese beiden Künstler einfallen, ist wenig verwunderlich,
denn mit beiden hat er zusammengearbeitet. Der Bildhauer
und Architekt Berruguete (1488-1561) war nach dem Tod seines Vaters, des Malers Pedro, 1504 nach Italien gekommen,
blieb bis 1520 und wurde anschließend führender Hofkünst-
ler Karls V. und Oberaufseher über die königlichen Bauten.
Der aus Toledo stammende Machuca (1490-1550), Maler und
ab 1527 leitender Architekt des Königspalastes der Alhambra
in Granada, war ebenfalls 1520 nach Spanien zurückgekehrt.
Als Maler absorbierte er die Flut florentinischer und rö-
mischer Reize und verquickte Raffael, Leonardo, Michelangelo und Rosso Fiorentino (1494-1540) zu einem Stil, den »spa-
nisch« zu nennen in der Tat verfehlt wäre.

Die Schüler, Gehilfen und Mitarbeiter – die Grenzen zwischen
diesen Funktionen sind fließend – waren in den Jahrzehnten
nach Michelangelos Tod allerorten präsent. Das gilt insbe-
sondere im Bereich der Architektur. Juan Bautista de Toledo
(1530?-1567) war aus Madrid nach Rom gekommen, um für
Michelangelo auf der Baustelle von Sankt Peter zu arbeiten,
ging im Anschluss nach Neapel und kehrte als gefragter Ar-

Pedro Machuca
und Alonso
Berruguete

chitekt nach Spanien zurück. Der Escorial nahe Madrid, nach seinem Tod von seinem Assistenten Juan de Herreira (1530-1597) fortgeführt, ist zweifellos der Prototyp einer Schlossanlage, dessen Echo über Jahrhunderte in der europäischen Feudalarchitektur nachklingt. Die spanische Monarchie war Vorbild für die Bourbonen auf dem französischen Thron, ihre Repräsentationsgebäude – allen voran der Escorial –, hinter denen man nicht zurückstehen wollte, machten Schlösser wie Versailles erst notwendig.

Residenz der spanischen Könige: El Escorial

Ebenfalls von der Sankt Peter-Baustelle stammt Michelangelos Assistent Francesco Laparelli (1521-1570), der von Papst Pius IV. zum strategischen Vorposten des Christentums nach Malta entsandt wurde, um nach der Belagerung durch die Türken 1565 die neue Hauptstadt Valletta zu planen. Er und ab 1568 sein Assistent Gerolamo Cassar (1520-1592) befehligten eine Armee von achttausend Arbeitern, die die Kathedrale, die Paläste, das markante Straßenraster und die Wehranlagen anlegte.

Eine neue Hauptstadt für Malta: Valletta

Der Florentiner Giovanni Angelo Montorsoli (1507?-1563), der schon in jungen Jahren zu Michelangelo gekommen war und mit ihm an der Medicikapelle arbeitete, wurde 1547 zum Dombaumeister in Messina ernannt und tat sich auch als Bildhauer hervor. Selbst Jacob Burckhardt, ein scharfer Kritiker der Michelangelo-Nachfolger, findet einige wohlwollende Worte für ihn: Montorsoli, unter dem Einfluss Michelangelos, Andrea Sansovinos und der lombardischen Plastik, gelinge es, »dies alles mit einer gewissen dekorativen Seelenruhe zu einem nicht unangenehmen Ganzen zu verschmelzen« (Burckhardt 1953, S. 405). Die Arbeiten Guglielmo della Portas (1500-1577) dagegen findet er »höchst fleißig, überladen und von gesuchter Belebung in Draperie und Fleisch«, »fast roh« und stellenweise »sehr unerquicklich« (ebd., S. 406). Besondere Erwähnung findet das Grabmal Pauls III. im Chor von Sankt Peter, wobei er den verstärkten Einfluss Michelangelos paradoxerweise als Befreiung wertet: »Die gewonnene Stilfreiheit ist vortrefflich benutzt«, auch wenn die Sarkophagfiguren nach dem Vorbild der Medicigräber qualitativ nicht an die bronzene Papststatue heranreichten, so übertreffe della Porta »den Meister wenigs-

Montorsoli und della Porta

tens von der einen Seite, wo ihm leicht beizukommen war, von seiten der sinnlichen Schönheit« (ebd., S 506 f.).

Raffaele da Montelupo Ganz unmittelbar gestaltete sich die Zusammenarbeit mit Raffaele da Montelupo, der sowohl die *Heiligen Cosmas und Damian* in der Medicikapelle, die die *Medici-Madonna* flankieren, als auch zwei Statuen für das *Juliusgrab* ausführte und in Loreto und Orvieto tätig war. Vasari bedauert seine Bescheidenheit, denn Montelupo »begnügte sich an dem, was das Schicksal ihm bot, deshalb ließ er viele Gelegenheiten vorübergehen, bedeutende Arbeiten auszuführen« (GV 1983, Bd. III., S. 341).

Eine autorisierte Biographie

Dass Ascanio Condivi seinem »Meister und Abgott« (AC 1943, S. 3) in tiefer Bewunderung ergeben war, steht außer Zweifel, doch seine Biographie als Quasi-Autobiographie Michelangelos anzusehen, wie das gelegentlich geschehen ist (z. B. Kupper 2004, S. 18), geht etwas zu weit. Vielmehr kann man davon ausgehen, dass Condivi bereits vor 1550 mit dem Sammeln von Fakten und Anekdoten begonnen hatte. Und nachdem Giorgio Vasari Michelangelo mit seinem Lebensbericht in der ersten Ausgabe der 1550 unter dem Titel *Vite de' più eccellenti pittori scultori ed architettori da Cimabue insino a' tempi nostri* erschienenen Viten nicht zufriedenstellen konnte, eine eigene, vom Meister autorisierte Publikation avisierte. Ausschlaggebend für den Beginn der Recherche könnten **Eine böse Zunge: Pietro Aretino** die geschliffenen Angriffe des venezianischen Literaten Pietro Aretino gewesen sein, der 1545 »zu einer Kaskade übelster Beschimpfungen« (Zöllner 2002, S. 104) angesetzt hatte. Er hatte die Sixtinische Kapelle geschmäht und sich auch mehr oder weniger dezente Anspielungen auf Michelangelos Zuneigung zu jungen Männern nicht verkniffen, obwohl er selbst ein erotisch ausschweifendes Leben führte und schon in den 1520er Jahren Rom wegen seiner *Sonetti Lussoriosi* hatte verlassen müssen. Da man nie sicher sein konnte, wie weit die Briefe Aretinos zirkulierten und wo sie möglicherweise gar gedruckt wurden, war es realistisch, bei jedem Schreiben dieser durchtriebenen Edelfeder von einem offenen Brief auszugehen. Im Falle Michelangelos hatte dies den Charakter einer Anklage und Abrechnung. Aretino zieht das Register der Todsünden und wirft ihm Unmäßigkeit, Hochmut, Undankbarkeit, Geiz, persönliche Bereicherung und Pervertierung des Glaubens vor. Unmäßigkeit in den hochmütigen Ausmaßen seiner Projekte (*Juliusgrab*), die zwangsläufig scheitern mussten, Undank gegenüber seinen Auftraggebern (besonders Julius II.), Geiz und Diebstahl bei der Abrechnung der erbrachten Leistungen. Außerdem, schreibt Aretino im Hinblick auf das *Jüngste Gericht*, »schäme ich mich angesichts der dem menschlichen Geist unwürdigen Gestaltungsfreiheit, welche Ihr dabei gebraucht habt, jene Ideen zum Ausdruck zu bringen, zu denen schlussendlich jeder Sinn unseres wahrhaftigsten Glaubens strebt« (zit. n. Zöllner 2002, S. 104). Und schließlich ist selbst das wenige Lob, das der Moralapostel für das Werk übrig hat, vergiftet: »Nachdem ich den vollständigen Entwurf Eures ganzen Jüngsten Gerichts wiedergesehen habe, bin ich nun imstande, darin hinsichtlich der Schönheit der Erfindung die berühmte Anmut Raffaels zu erkennen.« (Ebd.) Die Degradierung Michelangelos zum Nachahmer der Manier Raffaels – das wird den Meister mindestens ebenso in Rage versetzt und verletzt haben, wie sämtliche zur Verteidigung der guten Sitten aufgefahrenen Geschütze.

Der Zeitgeist verlieh Aretino Rückenwind, denn die Gegenreformation sollte schon bald selbst die Werke Michelangelos zur Disposition stellen. Insofern war eine Gegendarstellung in Form einer Biographie zweckdienlich. Und diese Biographie war selbstverständlich glaubwürdiger, wenn es sich nicht um eine Autobiographie handelte. Dennoch sollte man dem Autor Condivi Glauben schenken, wenn er davon spricht, er habe »zwei Vorratskammern angelegt von allem, was sich auf ihn [Michelangelo] bezieht, von denen die eine seine Kunst, die andere sein Leben betrifft« (AC 1943, S. 5). Sein Buch wurde ihm also nicht diktiert, sondern er hat selbständig recherchiert, seine Informationen »fleißig«, »treu« und »ehrlich« gesammelt sowie »verglichen und bekräftigt durch das Zeugnis glaubwürdiger Schriften und Männer« (AC 1943, S. 6). Auch wenn in den Rechtfertigungen für Michelangelos Tun, in der

Der Lebensbericht Condivis

Auflistung der Kosten sowie in den Schuldzuweisungen bezüglich unterlassener Arbeiten und unfertiger Werke deutlich die Stimme des Meisters durchklingt, betont Condivi doch immer wieder auch seinen individuellen Standpunkt, etwa wenn er von der Einstellung Michelangelos zur Liebe berichtet, auch dies offensichtlich, um Aretinos Angriffe zu parieren: »Ich habe Michelangelo öfters über die Liebe sprechen und sich unterreden hören und habe dann auch von denen, die anwesend waren, vernommen, daß er nicht anders über die Liebe gesprochen habe, als bei Plato geschrieben steht. Ich meinerseits weiß nicht, was Plato darüber sagt, aber ich weiß wohl, daß ich, nachdem ich so lange vertraut mit ihm verkehrt, aus seinem Munde niemals andere als die ehrbarsten Worte habe hervorgehen hören, die wohl die Kraft hatten, in der Jugend jede unschickliche und zügellose Begierde auszulöschen, die in ihr entstehen mochte.« (AC 1943, S. 85)

Er lauscht hier zwar den gebildeten Gesprächen, jedoch ohne selbst mitreden zu können. Ganz anders bei der Einschätzung von Michelangelos Lehrer Domenico Ghirlandaio. Obwohl Michelangelo ihn, wie Condivi schreibt, »in seiner Kunst wie in seinen Sitten« stets nur lobte, sieht Condivi selbst in dem erfolgreichen Maler den ersten Neider in der langen Kette von Missgünstigen: »In der Tat stand er in dem Rufe, etwas neidisch zu sein; denn er zeigte sich nicht nur gegen Michelangelo wenig höflich, sondern auch gegen den eigenen Bruder [Benedetto; Anm. d. Verf.], den er, als er ihn vorwärts kommen und große Hoffnungen erwecken sah, nach Frankreich schickte, nicht so sehr um ihn zu fördern, wie einige sagen, sondern um in Florenz der Erste in seiner Kunst zu bleiben.« (AC 1943, S. 12) Michelangelo jedenfalls habe von Ghirlandaio in seiner Kunst »keinerlei Hilfe« bekommen (ebd.).

Ohne Namen zu nennen, widerspricht Condivi hier auch Vasari, der Benedetto Ghirlandaio für einen auch künstlerisch vom rechten Weg abgekommenen Herumtreiber hielt (GV 1983, Bd. V, S. 3-5). Vasari wiederum bezichtigte Condivi (ebenfalls ohne Namensnennung), die Unwahrheit über Domenico Ghirlandaio zu sagen, dem Michelangelo viel verdanke. Und Vasari nutzt auch gleich die Gelegenheit, festzuhalten, dass er als Erster seine Michelangelo-Biographie publiziert habe: »Zwar hat ein Schriftsteller, der nach 1550, wo ich dieß Werk zum erstenmale herausgab, das Leben Michelangelos schrieb, die Behauptung aufgestellt, es sey von Einigen aus Mangel an Verkehr mit jenem Künstler Unwahres über ihn berichtet und Denkwürdiges verschwiegen worden«. Niemand aber könne wahrer über Michelangelo berichten als er selbst, denn er wisse nicht, »daß irgend wer näher mit Michelangelo verkehrt hätte« (GV 1983, Bd. V, S. 261). Niemand sei dem Meister ein treuerer Freund und Diener gewesen und niemand besitze eine größere Zahl liebevoll verfasster Briefe von dessen Hand. Als Vasari dies 1567 veröffentlichte, konnte ihm zumindest Michelangelo nicht mehr widersprechen.

»Condivi lebte in seines Meisters unmittelbarer Nähe. Vasari, obgleich er es anders darstellen möchte, stand Michelangelo fern, dessen schmeichelhafte Briefe mehr dem Hofagenten als dem Künstler galten. Wie fern in Wahrheit Vasari dem großen Manne stand, zeigt nichts so sehr als sein Buch, denn man kann sich nichts Flüchtigeres, Falscheres und Liederlicheres denken [...].
Offenbar wollte Michelangelo die Welt eines Besseren belehren, ohne Vasari wehe zu thun. Deshalb durfte Condivi in seiner Vorrede diesen nicht einmal beim Namen nennen [...] Vasari ließ die Sache beruhen, aber nach Michelangelo's Tode rächte er sich auf seine Weise.
Er gab eine neue Bearbeitung seiner Lebensbeschreibungen heraus und nahm in dieselbe Condivi's Arbeit ihrem ganzen Umfange nach auf, oft wörtlich, oft mit absichtlich anders gestellten Worten [...].«
(Herman Grimm 1860 über die frühen Biographen Michelangelos; Grimm 1996, S. 54)

Doch es kann nicht bestritten werden, dass Vasari die Nachforschungen seines Widersachers Condivi nicht nur eingehend studiert, sondern auch ganze Absätze nahezu wörtlich übernommen hat. Condivi scheint dies bereits zu ahnen: Er habe einigen Leuten von seinem Vorhaben, eine Biographie

Vasari als Plagiator

zu verfassen, erzählt und sich diesen anvertraut. Der Dank sei, dass sie sich seine Worte »auf eine Weise angeeignet haben, als ob sie damit, wie wenn es die ihrigen wären, sich Ehre machen wollten« (AC 1943, S. 5).

Er fühlte sich offensichtlich um seine Mühen betrogen und entschloss sich dazu, sein Werk etwas überstürzt im noch unfertigen Zustand zu publizieren, bevor andere ihm zuvorkämen: »Viele andere Dinge bleiben mir noch zu sagen, die ich in der großen Eile, das herauszugeben, was geschrieben ist, beiseite gelassen habe […] Wenn es aber jemals geschieht, daß irgendein anderer sich an dieses Unternehmen machen und dasselbe Leben beschreiben will, so trage ich mich an, ihm alles auf das höflichste mitzuteilen oder schriftlich zu geben.« (AC 1943, S. 91)

Indem der rhetorisch versiertere und berühmtere Vasari von Condivi für seine zweite Auflage der Viten maßgebliche Passagen übernahm, handelte er letztlich im Sinne Michelangelos. Beide Autoren arbeiteten erfolgreich am Bild des Künstlers als emanzipiertes, göttliches Genie, als Märtyrer und Lichtbringer. Dazu gehörte nicht nur, dass der Künstler, wie Christus, für ein höheres Ziel Leiden auf sich nimmt, nicht nur, dass er sein Werk wie ein Gott kreiert, sondern dass er seine wertvollsten Werke, wie Gott, auch nach seinem Bilde schafft.

Lange war das italienische Sprichwort »Jeder Maler malt sich selbst – Ogni pittore dipinge sé« negativ konnotiert, wie Frank Zöllner detailliert darlegt: Bestandteil jedes Bildes sind die Unzulänglichkeiten, die menschlichen Schwächen und der begrenzte Horizont des Malers (Zöllner 2002, S. 113-122). Michelangelo hat dieses unbewusste Manko in eine bewusste Offensive gewendet, indem er subjektive, autobiographische Aspekte als normativen Faktor seines Werkes verstand. Er ist maßgeblich dafür verantwortlich, dass das Sprichwort nach seiner Ära ein wenig anders lautete und eine konträre Bedeutung innehatte: »Ogni *buon* pittore dipinge sé – Jeder *gute* Künstler malt sich selbst.«

Im Rausch der Geschwindigkeit: »Furor« und »Non-Finito«

Um jeden Preis, davon war Michelangelo überzeugt, musste ein Künstler vermeiden, dass sein Werk nach Fleißarbeit aussah. Hier setzt auch seine Kritik an den Flamen an, die sich in der Kleinteiligkeit verlören. Die Mühe, die es kostet, ein Werk zu schaffen, muss unsichtbar bleiben, das fertige Werk dagegen lebt von der Aura der großen, mit Leichtigkeit ausgeführten Geste. »Der Maler soll im Schweiße seines Angesichts danach streben, sein Werk mit Eifer und Mühe derart zu gestalten, daß es erscheint, als sei es schnell und leicht und gleichsam ohne Mühe entworfen, obwohl das Gegenteil der Fall ist [...] Die meisten Kunstwerke entstehen nur durch unendliche Anstrengung und tragen doch den Glanz der Schwerelosigkeit.« (MB 1957, S. 197) Wenn der Künstler dann auch noch tatsächlich schnell und mühelos arbeitet und zu guten Ergebnissen gelangt, ist dies ein deutlicher Pluspunkt, denn im Wesentlichen zählt das Ergebnis. Ganz zu vernachlässigen ist in den Augen Michelangelos jedoch das Verhältnis Aufwand–Resultat nicht. Zwar darf sich der sichere Künstler nicht durch Flüchtigkeit dazu hinreißen lassen, Unvollkommenheit in Kauf zu nehmen, aber minimale Abstriche am Werk ist Michelangelo zugunsten des Tempos bereit hinzunehmen: »Mir wäre es lieber, daß ein Maler eher eifrig und etwas weniger gut als schwerfällig und besser, aber nicht sehr viel besser malte.« (MB 1957, S. 197)

Anstrengung und Schwerelosigkeit

Kaum ein Künstler hat diese Regel offensichtlicher beherzigt als Michelangelo selbst. Der große Wurf, der künstlerische Furor einer gewaltigen Inspiration, den er zur Schau stellte, basierte nicht selten auf langwierigen Studien – seine Zeichnungen belegen es –, von denen er, um die Mühsal vor der Nachwelt zu verbergen, einen Großteil vor seinem Tod verbrannt haben soll (GV 1983, Bd. V, S. 419). Wie schädlich es sein kann, wenn Nachfolger glauben, die so leicht erscheinenden, großartigen Formen nachahmen zu können, ohne auf eigenem Weg zu ihnen gelangt zu sein, ist über Jahrhunderte eine Standardklage der Kunstliteratur, die Romain Rolland resümiert: »Es wäre Wahnsinn, aus Michelangelo ein Vorbild für junge Künstler zu formen.« (1922, S. 113) Und er beklagt

die selbstsichere, genialische Anmaßung seiner Nachfolger:
»Perino del Vaga hielt sich für mehr als Masaccio. Bei Cellini
steigert sich der Hochmut zum Wahnsinn […] Pomeranci,
Semino, Calvi übermalen täglich zwei Quadrattoisen. Mit
siebzehn Jahren malt Cambiaso, ohne Studien und Karton,
die Geschichte der Niobe. Seine Werke sind so zahlreich wie
die von einem Dutzend anderer Maler zusammen […] Sani
di Tito malt ein Porträt in weniger als einer halben Stunde
[…] In einem Monat errichten Vasari, Tribolo und Andrea
del Cosimo einen ganzen Palast und schmücken ihn aus.«
(Ebd., S. 111 f.)

Auch wenn diese drastische Darstellung im Detail der Dif-
ferenzierung bedürfte, so skizziert sie doch einen Geist, den
Michelangelo selbst forciert hat. Vasari hat sich deutlich zur
methodischen Flüchtigkeit bekannt. In seiner Biographie Luca della Robbias schreibt er, es scheine, »als ob bei Entwürfen, die durch plötzliche Eingebung der Kunst entstehen, mit
wenigen Strichen der Gedanke besser ausgedrückt werde, als
Mühe und zu großer Fleiß es vermögen, durch welche diejenigen, welche nie fertig werden, sich oftmals um alle Kraft und
Wissenschaft bringen« (GV 1983, Bd. II, S. 66). Michelangelo
hat dies scheinbar vorgelebt, mit der Folge, dass er seine Kräfte
überschätzte und sich bereits in jungen Jahren übernahm. Er
unterschrieb in seinem Leben mehr als 130 Verträge und verpflichtete sich allein in den Jahren 1501 bis 1505, rund 70 Statuen zu schaffen (15 in Siena, 14 in Florenz, 40 in Rom), von
denen nur eine Handvoll fertig wurde (*David, Bronze-David,
Moses, Louvre-Sklaven*). Die meisten seiner Werke existierten
nur in seinem Kopf, auf dem Papier oder blieben unvollendet, weil ihn der Marmor oder der Auftraggeber enttäuschte
oder weil er in seinem Furor einen Schlag zu viel getan hatte.
Das wurde auch schon von seinen Zeitgenossen angemerkt
und möglicherweise gab es ja auch ästhetische Erwägungen
Michelangelos, auf eine Fertigstellung zu verzichten.

Das Non-Finito Über die Jahrhunderte unterwarf man das Non-Finito des
Künstlers den unterschiedlichsten Interpretationen (dazu detailliert Rosenberg 2000, S. 92-120). Vasari führte 1550 als Begründung für den Zustand der *Medicigräber* zunächst schlicht

unglückliche Umstände an. Der Tod Clemens' VII. habe die Fertigstellung verhindert, aber die *Medici-Madonna* sei dennoch bewunderungswürdig: »Obgleich die einzelnen Teile nicht vollendet worden sind, erkennt man, in dem, was der Bosse verblieben und mit dem Gradiereisen bearbeitet ist, in der Unvollkommenheit der Bosse die Vollkommenheit des Werkes.« (zit. n. Rosenberg, S. 97) Damit war bereits der Grundstein für weitere Deutungen gelegt, denn die »perfezzione dell' opera« vermag durchaus in der »imperfezzione della bozza« sichtbar zu werden – um ein Werk als vollkommen betrachten zu können, muss es nicht zwangsläufig vollendet sein. Obwohl Michelangelo noch lebte, zeichnete sich zur Zeit von Vasaris erster Vitenausgabe ab, dass er seine Skulpturen nicht mehr fertig stellen würde. Diese Annahme wurde mit seinem Tod zur Gewissheit, die Vasari in der zweiten Ausgabe zu einer weiteren Begründung veranlasst. Es seien die wachsenden Ansprüche an sein eigenes Werk gewesen, denen Michelangelo nicht mehr gerecht geworden sei: »Wenn er sich in seinen Werken wirklich hätte genügen wollen, so würde er wenig oder gar nichts ans Licht gebracht haben.« Bereits der kleinste Fehler, sei er im Stein, sei er durch Bearbeitung entstanden, habe ihn veranlasst, das Werk nicht weiter auszuführen (GV 1983, Bd. V, S. 386). Die intuitive Herangehensweise und der Furor seines handwerklichen Zugriffs kollidierten zweifellos immer wieder, denn seinem Wunsch, sich Optionen für Veränderungen offenzuhalten, stand sein beherzter Zugriff entgegen. Aber selbst wenn er eine Skulptur zerschlug, fand sich dafür noch ein antikes Vorbild wie der Bildhauer Apollodoros, »unter allen der gewissenhafteste in seiner Kunst und überkritisch gegen sich selbst, weil er häufig in seinem künstlerischen Ehrgeiz nicht zufrieden gestellt werden konnte, weshalb er ›der Wahnsinnige‹ genannt wurde«, wie Plinius d. Ä. berichtet (*Historia Naturalis*, XXXIV, zit. n. Rosenberg 2000, S. 107).

Boboli-Sklave, Accademia, Florenz

Dass Michelangelos Bildhauerwerke von anderen, nachfolgenden Künstlern so gut wie nicht angetastet wurden, mag zum einen an der Hochachtung vor dem Künstler liegen, zum anderen aber auch in der Erkenntnis begründet sein, dass man den Werken damit keinen Gefallen tat. Bereits Plinius hatte darauf hingewiesen, dass man letzten, unvollendet gebliebenen Werken großer Künstler nochmals einen besonderen Respekt erweise, »weil man in ihnen die übriggebliebenen Entwurfslinien und sogar die Überlegungen der Künstler sieht und weil der Schmerz über die Hand, die während des Schaffens erstarrte, zu höherer Beachtung anreizt« (zit. n. Rosenberg 2000, S. 97). Es ist also nicht nur der Moment des Todes, den das Unfertige verkörpert, sondern auch die geradezu intime Nähe zur Gedankenwelt des Künstlers.

> »Dieser Kopf des Abends ist klein, sehr klein, und Michelangelo wußte es, und vielleicht bekümmerte es ihn. Aber was tun? Einen anderen machen, aus einem neu angesetzten Stück Marmor? Er haßte Anstückeln. Die Proportionen des Brustkorbs verringern, den er so prachtvoll ausgeführt hatte? [...] Er schob die Lösung dieses Problems bis zuletzt auf, und der Kopf ist so geblieben, wie ihn die Schläge des Gradiereisens in einer hinreißenden plastischen Vision behauen hatten.«
> (Der Kunsthistoriker und Bildhauer Michele Guerrisi über die allegorische Figur des Abends; Guerrisi 1966, S. 276)

Die unvollendeten *Boboli-Sklaven* Als die nur grob aus dem Block gehauenen *Boboli-Sklaven* in der von Bernardo Buontalenti (1523-1608) künstlich angelegten Grotte aufgestellt worden waren, schrieb der Schriftsteller und Kunstfreund Francesco Bocchi in seinem berühmten Florenzführer 1591: »Vier Statuen von Buonaroti, die für das Grab des Papstes Julius II. gemacht worden waren, sind an diesen Ort gebracht worden, und dies geschah mit viel Feinsinn; denn bossiert, wie sie sind, mit einer unglaublichen und wunderbaren Kunstfertigkeit, zeigen die Figuren mit aller Kraft, daß sie aus dem Marmor austreten wollen, um die Ruine zu verlassen, in der sie sich befinden, und sie erinnern an das Dichtermärchen, wonach, nachdem die Menschen durch die Sintflut untergegangen waren, Deukalion die Welt wiederherstellte, indem er Menschen aus Steinen herausholte.« (Bocchi 1971, S. 69 f.) Das Non-Finito wird hier erstmals als Glücksfall angesehen, da es dem Thema eine besondere Eindringlichkeit verleiht. Zugleich verknüpft es Bocchi mit dem Mythos von Deukalion und Pyrrha, die zur Wiederbevölkerung der Erde Steine in Menschen zu verwandeln vermochten. Die Veranschaulichung des Prozesses der »Fleischwerdung«, der transitorische Effekt der unvollendeten Skulptur, ist von Bildhauern wahrgenommen und in vielfältigen Spielarten von der Monumentalplastik des *Apennin* von Giambologna (1529-1608) im Park der Medici-Villa Demidoff in Pratolino (ca. 1580) bis zu den Skulpturen Auguste Rodins (1840-1917) und Leonardo Bistolfis (1859-1933) aufgegriffen worden. »Ich glaube, dass der große Magier mir ein paar seiner Geheimnisse anvertrauen wird«, schrieb Rodin unter dem Eindruck der *Medicigräber*, und der englische Bildhauer Henry Moore (1898-1986) erklärte: »Rodin ist der einzige Künstler nach Michelangelo, der Michelangelo wirklich verstanden hat« (zit. n. Le Normand-Romain 2001, S. 38 f.).

Die Faszination des Non-Finito spiegelt sich auch in der Kunstliteratur. Aus dem mythologischen Hintergrund Bocchis wird bei dem Botaniker Jean Baptiste Louis Georges Seroux d'Agincourt 1823 ein biologischer (»die Skulpturen gleichen in diesem Zustand gewissen Wassertieren«) und bei Charles C. Perkins, dem Gründer des Museum of Fine Arts in Boston im Jahr 1864, ein molekularer, wenn er die Materie des Marmors mit Wolken gleichsetzt, in denen seltsame Formen die Phantasie anregen (Rosenberg 2000, S. 104 f.). Schließlich erweitert sich dieses assoziative Erfassen zu einer konkret psychologischen Betrachtung. »Heute droht die einseitig historische Betrachtungsweise durch eine einseitig psychologische abgelöst zu werden«, klagte der Historiker Wilhelm Neuss 1920 in seinen Betrachtungen zu *Michelangelos Schönheitsideal* (Neuss 1920, S. 11).

Wirkung

Auguste Rodin

Giambologna, *Apennin*. Villa Medici von Pratolino, Vaglia, Provinz Florenz

Der »Blick in die Wolken« des nebulösen Kopfes der *Tag*-Figur in den *Medicigräbern* war für Jules Michelet (1855) inmitten der Trauer »die Seite der Hoffnung, der Kunst, der Tat, der zukünftigen Erneuerung. Aber der Mann war gebrochen, Michelangelo ließ diese Arbeit liegen.« So wird die ursprünglich als Personifikation der Erneuerung gedachte Skulptur zum Ausdruck der Desillusionierung und Erschöpfung des Künstlers. Laut Eugène Guillaume (1876) sollte ursprünglich ein über die Schande des Vaterlandes erzürnter *Tag* entstehen: Beließ Michelangelo den »Schleier der Bosse auf dem Gesicht seiner Statue, da er bezweifelte, bei ihm die gewünschte Em-

Pietà (unvollendet),
Dommuseum,
Florenz

pörung ausdrücken zu können? Wie auch immer, durch die Arbeit des Meißels, der den Marmor nur aufgerissen hat, ahnt man einen fürchterlichen Blick« (zit. n. Rosenberg 2000, S. 100). Der Gebrochenheit, den Zweifeln, der Scheu des Künstlers auf der Suche nach einem Ausdruck, einer Botschaft, wird in den Skulpturen nachgespürt, und sie werden als Porträt seiner intimsten Seelenlage aufgefasst. Konsequent in diesem Sinne erscheint es, wenn Robert Liebert in den Zügen des *Tages* einmal mehr Michelangelo selbst vermutet: »Es ist meine Überlegung, daß Michelangelo absichtlich das Gesicht unausgebildet ließ, weil der Stein sein Selbstporträt ›verbirgt‹.« (Liebert 1983, S. 242)

Ebenfalls als Spiegel von Michelangelos persönlicher Situation begreift eine sozialistische Interpretation das Unvollendete. Die Skulpturen bleiben im Stein gefangen, und das Non-Finito wird zu einer »der Formen, in denen sich die Grenzen der Freiheit des Künstlers in der Klassengesellschaft niederschlugen« (Feist 1965, S. 104).

Welchen Effekt das Non-Finito als letzter steinerner Schleier besitzt, kann man bei keiner Skulptur Michelangelos besser beobachten als bei der Florentiner *Pietà* in der er sich selbst in der Figur des Nikodemus hinter Maria dargestellt haben mag. Bei Betrachtung der vollendet banalen Partien wünscht man sich sofort den Schleier zurück.

Den höchsten Grad an Abstraktion erreicht Michelangelo jedoch in seiner letzten Skulptur, der *Pietà Rondanini*, die erst im 20. Jahrhundert wirklich gewürdigt wurde. Sie ist ein Werk, wie noch Jacob Burckhardt empfiehlt, »das am besten unbesichtigt bleibt. Wie konnte er, nachdem der Block schon so verdorben war, wie man ihn sieht, doch noch diese Gestalten herauszwingen wollen, auf Kosten derjenigen Körperverhältnisse, die niemand besser kannte als er? Leider ist wohl jeder Meißelschlag von ihm.« (Burckhardt 1953, S. 404) Bei diesen Worten könnte man meinen, ein Werk des Expressionismus vor sich zu haben: die Figuren zusammengedrängt und herausgezwungen, die Körperverhältnisse verschoben, die Harmonie der Proportionen wider besseres Wissen aufgegeben.

Vgl. S. 56 u. Abb. S. 57

Und über dem Unsagbaren liegt ein Schleier. »Die Hand des Künstlers, so wissen wir, scheute sich an einzelnen Stellen, bis zu den letzten Konsequenzen vorzudringen«, schreibt Joseph Gantner angesichts der *Medicigräber*. »Der Beschauer projiziert nicht bloß seine Art des Blickens in das Werk hinein, wie vor den Bildern des Lionardo, er nimmt jetzt auch, wenn er ein Mensch mit wachen Sinnen ist, aktiv teil an der Gestaltung des Werkes.« (1953, S. 73)

Dämon Michelangelo: Vom einsamen Genie zum Romantiker

John Ruskin, der große sozialreformerische Kunstpoet und Kulturhistoriker, lud 1862 den jungen Maler Edward Burne-Jones (1833–1898) nach Italien ein, zeigte ihm Mailand, Parma, Verona, Padua und Venedig und verpflichtete ihn zugleich als

Edward Burne-Jones: Ein Präraffaelit auf Abwegen

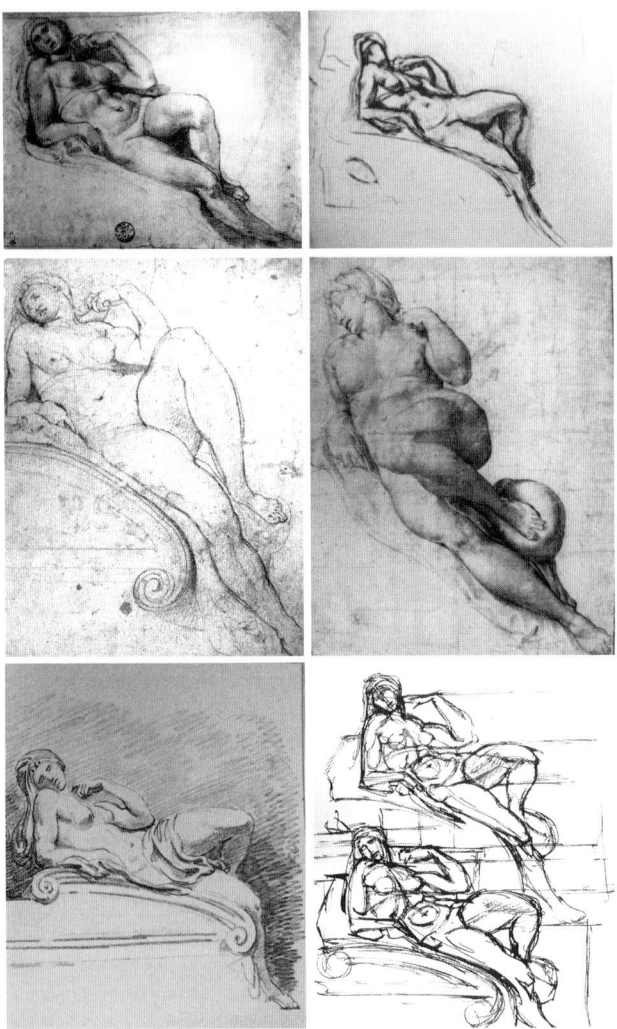

Die *Morgenröte* der Medicigräber, gezeichnet von den Künstlern Pietro da Cortona, Henri Matisse, Federico Zuccaro, Francesco Salviati, Jean-Honoré Fragonard und Alberto Giacometti

Kopisten mittelalterlicher Werke sowie seiner venezianischen Favoriten Carpaccio und Tintoretto (Øestermark-Johansen 1998, S. 119). Bewusst scheint ihn der Freund der Gotik und – entgegen dem Restaurierungswahn seiner Zeit – behutsame Bewahrer vorhandener Substanz dabei von den Fährten der Hochrenaissance abgelenkt zu haben. Die Freundschaft litt daher, als Burne-Jones 1871 auf eigene Faust und auf den Spuren Signorellis und Michelangelos nach Rom reiste. Er zeichnete unter anderem die Florentiner *Boboli-Sklaven* in sein Skizzenbuch und strebte fortan in seinem Werk nach einer Symbiose von Botticelli und Michelangelo. Damit ging er über den strengen Kanon der Präraffaeliten hinaus, jenes Künstlerbundes, dem Ruskin maßgeblich zum Durchbruch verholfen hatte. Gegen Ende seines Lebens resümiert Burne-Jones: »Ich hoffe, Botticelli und ich werden es weiterhin gemeinsam zu etwas bringen; Michelangelo, ich weiß das, würde verächtlich über mich die Nase rümpfen.« (Ebd., S. 139)

Bereits Jahrzehnte zuvor hatte David Pierre Giottino Humbert de Superville (1770-1849) der Ästhetik der Frührenaissance in Italien bei seiner Erforschung transkultureller Übereinstimmungen und Archetypen nachgespürt. Die Ägypter hätten die monumentale und erhabene Skulptur entwickelt, und lediglich Michelangelo habe die Anlage besessen, sie zu erreichen, jedoch sei er durch die Unmäßigkeit seines Genies behindert worden (Humbert de Superville 1821, S. 49), von der antiken Plastik dagegen bliebe nur der gefällige Reiz der Oberfläche. Nach zwei Jahrhunderten, in denen Michelangelo eher unterschwellig rezipiert worden war, erwachte im späten 18. Jahrhundert langsam ein neues Interesse an dem unbequemen, antiklassischen Geist, der sich gegen Naturalismus und Akademismus gestemmt hatte. In der ersten Hälfte des 19. Jahrhunderts tauchten zusehends Michelangelo-Dokumente auf, parallel dazu entwickelte sich die Kunstgeschichte allmählich zu einer wissenschaftlichen Disziplin (Guercio 1996, S. 276).

Humbert de Superville und Füssli

Der titanische Michelangelo spiegelt sich am deutlichsten in Johann Heinrich Füsslis (1741-1825) Werk, der ab 1770 für acht Jahre in Rom lebte und dort, als Verächter von Genre-

und Landschaftsmalerei, seine drastische und oft martialische Körperauffassung kultivierte. Die »Terribilità«, das ergreifend Schreckliche und Beängstigende der großen Künstlernatur, von der bereits Michelangelos Zeitgenossen sprachen, wird hier zum Selbstzweck. Es war zunächst eine kleine Gruppe von Künstlern, die den Abschied vom Barock nicht mit einem neuen, geschmackssicheren Klassizismus, sondern mit brachialem, gelegentlich parodiertem Pathos feierten und zu den Idealen Johann Joachim Winckelmanns, des Begründers der modernen Kunstwissenschaft, zusehends auf Distanz gingen. Sie loteten die Grenze zwischen Erhabenem und Erschreckendem aus. Die künstlerische Freiheit, Freiheit in Religion und Politik sowie Freiheit gegenüber Auftraggebern, die eingefordert wurde, hat Füssli in einer Prometheus-Zeichnung the-

Johann Heinrich Füssli, *Der gefesselte Prometheus*

matisiert. Sein Kunst-Heros Michelangelo wird Prometheus, dem eigensinnigen Körper-Modellierer und Überbringer des Feuers und der Kultur gleichgesetzt, wie die Inschrift MAB (Michel Angelo Buonarroti) zeigt. Man muss ihn an den Fels (den Papst?) ketten, um ihn zu bändigen. »Prometheus, der von Zeus bestrafte Menschenbildner, wurde im letzten Drittel des 18. Jahrhunderts zum Topos des titanischen Künstlers« (Bätschmann 1997, S. 60), der selbst den Göttern die Stirn bot. Kaum jemand erschien hier als Folie geeigneter als Michelangelo.

War dieser, wie er bereits bei Condivi erscheint, lange das einsame, selbstsichere Genie, so rückte die eingehende Beschäftigung mit den Quellen jenseits dieser Hagiographie allmählich einen anderen, einen melancholischen und selbstmitleidigen Künstler ins allgemeine Bewusstsein.

1811 beschrieben die Herausgeber von Winckelmanns *Geschichte der Kunst des Altertums* Michelangelos Lyrik noch als unbekanntes Terrain, das sie eigenwillig interpretierten: »In diesen seltenen und daher im Ausland wenig bekannten Gedichten offenbart sich der große Michelagnolo auf eine Weise, die allen, die ihn nur aus seinen Gemälden und Statuen kennen, auffallend und wunderbar erscheinen muß. Innige Verwunderung wahrer Schönheiten, tiefe, von ihrem Gegenstand nicht erhörte Liebe, sanft rührende Wehmut […] sind der Grundton dieser glühendwarmen Gedichte, in denen Michelangelo das Weibliche seiner großen, gewaltigen Natur um so lieblicher ausspricht, je mehr in seinen übrigen Kunstwerken das männliche Prinzip überwiegend und hervortretend ist.« (Winckelmann 1809-1815, S. 31) Der heroisch-männlichen Kunst wird eine emotional-weibliche Dichtung zur Seite gestellt, die ab der Mitte des Jahrhunderts auch allgemein verfügbar wird. Veröffentlichungen der Briefe und Übersetzungen der Gedichte (etwa durch Gottlieb Regis 1842, John Addington Symonds 1878, Rainer Maria Rilke ab 1915) differenzierten die Künstlermythen nachhaltig.

Michelangelo als Lyriker

Eugène Delacroix (1798-1863) hatte in seinem kleinen Michelangelo-Bildnis vor allem den sinnierenden Meister zwischen den Statuen des *Moses* und der *Medici-Madonna* dargestellt, doch wenn er an den Maler Michelangelo, besonders an das *Jüngste Gericht* dachte, war dieser für den Wegbereiter des Impressionismus auch ein Geistesverwandter in der Darstellung des Schreckens und der Exzesse.

Eugène Delacroix

In diesem Michelangelo ist auch ein intimes Selbstporträt des alternden Delacroix verschlossen. Das Düster-Desolate, die Verkommenheit der Menschen, die im Pessimismus des Künstlers reflektiert wird, glaubte er in Michelangelos Schaffen ausmachen zu können. In den neu erschlossenen Quellen bestätigte und erweiterte sich dieses Bild. Aber für Delacroix,

»Was tut ein Mann, wenn er vernichtet ist? Was sonst als arbeiten. Er schloß die Tür seiner Werkstatt ab und stellte ein Dutzend Blöcke an den Wänden entlang auf, wie Soldaten, die
seine Abgeschiedenheit schützten.
Die neue Werkstatt war eine Freude: fünfunddreißig Fuß hoch,
große Fenster nach Norden und Platz genug, mehrere Figuren
des Grabmals gleichzeitig vorzunehmen Hierher gehörte ein
Bildhauer, dies war sein Arbeitsplatz. [...]
Je dichter er seine Werkstatt gegen die Außenwelt abschloß,
desto augenfälliger wurde es, daß Sorge und Leid des Menschen natürlicher Zustand sind.«
(Der amerikanische Verfasser biographischer Romane Irving
Stone über das introvertierte Genie; Stone 1961, S. 652 f.)

der nach Michelangelo-Vorlagen gearbeitet hat, diese durch-
pauste und verinnerlichte, war er auch stilistisch, bei der Entscheidung zwischen harter Linie und diffuser Atmosphäre,
zwischen formaler Größe und Naturnähe von Belang: »Die
Beschäftigung mit Michelangelo hat alle Generationen der
Maler zum Schwärmen gebracht und über sich selbst hinaus-
gehoben. Großer Stil kann nicht ohne den zuvor festgelegten
Strich auskommen. Durch die Arbeit mit Halbtönen tritt die
Kontur zurück: das ergibt größere Realität, aber damit auch
mehr Weichheit und vielleicht weniger Charakter.« (Delacroix 1996, S. 263) Auf diese Passage bezieht sich Charles Ca-
Henri Matisse   moin (1879-1965) in einem Brief vom 29. April 1918 an Henri
Matisse (1869-1954) und berührt damit auch eine der elemen-
taren Fragestellungen der Fauvisten: »Er [Delacroix] sagt, dass
die Kontur den großen Stil ausmacht, wenn man die Zwi-
schentöne anstrebt, ist man näher an der Wahrheit, aber weniger groß.« (Zit. n. Grammont 1997, S. 119) Beim Warten auf
besseres Wetter zur Eröffnung der Freilichtsaison hatte Matisse einige Tage zuvor in der Kunstschule eines Kollegen Studien nach dem *Lorenzo* und der *Nacht* der *Medicigräber* gefer-
tigt: »Ich versuche, in mir eine klare und komplexe Vorstellung von Michelangelos Konstruktion zu schaffen.« (»J'essaie
de mettre en moi la conception claire et complexe de la cons-

Eugène Delacroix, *Michelangelo in seinem Atelier*, Musée Fabre, Montpellier

truction de M. Ange«; Brief vom 10. April 1918, Archives Matisse, Issy-les-Moulineaux.) Grundsätzlich unterscheidet Matisse deutlich zwischen großflächiger Baumalerei und Gemälden, die sich transportieren lassen. Letztere sind flexibler, unabhängiger von einem vorbestimmten Ort und brauchen nicht zwingend die Atmosphäre »eines schönen und weiträumigen besonnten Unterholzes« zu erzeugen, wie Matisse es von der Baumalerei erwartet. Vielmehr kann sich ein kleineres Bild mehr Raum für seine Botschaften gestatten, denn »die Anteilnahme an ihm überwältigt nicht« (Flam 1982, S. 130). Baumalerei dagegen »muß in ihrer Aussage die Strenge einer kalkweißen Steinmasse mit der Strenge eines ebenfalls weißen und kahlen Gewölbes verbinden«, schreibt Matisse am

14. Februar 1934 und kritisiert nun das erdrückende Gewicht mancher Botschaften: »Außerdem darf der Besucher sich mit seinen Gedanken nicht aufhalten bei diesem humanen Zug, mit dem er sich identifizieren würde und der ihn – indem er ihn fixierte – ausschlösse aus der großen harmonischen, lebendigen und bewegten Einheit von Architektur und Malerei. Haben nicht Raffael und Michelangelo – einmal abgesehen vom ganzen Geistreichtum, den sie in ihre Wandmalereien investiert haben –, haben sie ihre Wandgemälde nicht belastet mit dem Ausdruck dieses Humanen, das uns dauernd vom Ganzen trennt, namentlich im ›Jüngsten Gericht‹?« (Flam 1982, S. 129)

Hier die Distanz fordernde Botschaft, dort die »dämonisch gewaltige Formenbehandlung« Michelangelos (Burckhardt 1953, S. 198), die manchen Künstler und Kritiker auch des 19. und 20. Jahrhunderts erschauern ließen. Freunde der reinen, strengen, den Harmoniegesetzen folgenden Renaissance, wie sie Jacob Burckhardt repräsentierte, mussten Michelangelo auch noch in manch anderer Hinsicht als Gefahr für die Kunst betrachten. Er war so drastisch in seinen Effekten, so radikal in den künstlerischen Freiheiten, die er für sich reklamierte, dass die nachfolgende Generation, so Burckhardt, »über ihm selbst die Alten vergaß« (ebd.). Schon Vasari hatte festgestellt, welche Energien hier entfesselt wurden, denn »solche Kühnheit ermuthigte diejenigen, welche Michelangelo's Verfahren sahen, ihn nachzuahmen [...] Daher sind ihm die Künstler zu dauerndem Danke verpflichtet, daß er die Bande und Ketten brach, mit denen belastet alle stets auf der gewöhnlichen Straße fortgegangen wären.« (GV 1983, Bd. V., S. 323 f.) Dieser in den Augen Burckhardts schlechte Einfluss beginnt im Detail der Baukunst, »das unter seinen Händen ganz furchtbar verwilderte und später allen Bravourarchitekten für die gröbsten Mißformen zur Entschuldigung dienen konnte« (Burckhardt 1953, S. 199), und endet bei der Gewaltigkeit der Malerei, die befremdet: »Auch die Schönheit des menschlichen Leibes und Angesichts kommt nur im Gewande jener Gewaltigkeit zum Vorschein [...] Wenn man weit aus dem Bereiche dieser Werke entfernt ist und Atem geschöpft hat, so kann man sich

Ermutigung und schlechter Einfluss

Wirkung

auch gestehen, was ihnen fehlt und weshalb man nicht mit und unter ihnen leben könnte. Ganz große Sphären des Daseins, die der höchsten künstlerischen Verklärung fähig sind, blieben dem Michelangelo verschlossen.« (Ebd., S. 522) Und damit wären wir bei Raffael, dem ewigen Kontrahenten, den das 19. Jahrhundert höher schätzte, der sich eine Liebenswürdigkeit bewahrt hatte, die Michelangelo konsequent aus seinem Werk zu verbannen suchte, der Frauengestalten schuf, die Weichheit und Anmut verkörperten, während Burckhardt angesichts der breitschultrigen, herkulischen Frauen Michelangelos fast entsetzt ausruft: »Wer möchte […] wünschen, daß sie lebendig würden?« (Ebd., S. 400) Raffael, sein Werk und vor allem seine Frauen haben dagegen nichts Monströses, nichts Titanisches. »Er ist verständlich in jeder Bewegung, er schmiegt sich dem Schönheitsgefühle der Menschen an mit seinen Linien, als sei es unmöglich, sie anders zu ziehen. Und das Behagen, das er so auf die Beschauenden ausgießt, die sich entzückt als seines Gleichen fühlen, giebt den Werken die Allmacht und seiner Person den Schimmer glückseliger Vollkommenheit.« (Grimm 1996, S. 330) Diese Worte Herman Grimms von 1860 über Raffael erscheinen wie eine Antwort auf den fünf Jahre zuvor erschienenen *Cicerone* Burckhardts. Michelangelo wurde nie als entzückend empfunden, seine Person wurde stets überragt von der titanischen, aus dem Stein befreiten Vision, wie das Porträt des Symbolisten Adolfo de Carolis (1874-1928) es zeigt, und verkörperte für das fiebrige Fin de Siècle und mehr noch für den Futurismus die barbarischen und dynamischen Urkräfte, wiedergeboren in der von Gabriele d'Annunzio gefeierten »Tugend einer jungen und erneuerten Generation, die sich mit fester Kühnheit an der Schwelle zur Welt aufrichtet, bereit zu zerstören statt aufzubauen« (zit. n. Cora 2004, S. 131).

Finsternis und Leiden, der Wechsel von Agonie und sich aufbäumender Leidenschaft, den seine Werke vermitteln, klingt auch in Michelangelos Dichtung nach. Unter den letzten Vertonungen Hugo Wolfs (1860-1903) finden sich 1897 die *Drei Gesänge nach Michelangelo* (*Wohl denk ich oft*; *Alles endet, was entsteht*; *Fühlt meine Seele*), die der von Syphilis gezeichnete

Da capo al fine: Michelangelo contra Raffael, vgl. S. 34 f. u. S. 38 f.

Michelangelo musikalisch

Komponist wenige Monate vor seiner Einlieferung in eine Nervenheilanstalt komponierte. Einen anderen Zugang fand Benjamin Britten (1913-1976), der 1940 für seinen Lebensgefährten, den Tenor Peter Pears, während eines dreijährigen gemeinsamen USA-Aufenthalts *Sieben Sonette nach Michelangelo*, op. 22, vertonte und gemeinsam mit ihm zwei Jahre später einspielte. Dieser Zyklus behandelt die unterschiedlichsten Aspekte der Liebe, aktives Gestalten der Beziehung (Sì come nella penna e nell' inchiostro), Erniedrigungen (A che più debb'io mai l'instensa voglia), Höhenflüge (Veggio co' be' vostr' occhi un dolce lume), Sehnsucht (Tu sa' ch'io so, signor mie, che tu sai), Abkehr (Rendete a gli occhi miei), Verschmelzung (S'un casto amor, s'una pietà superna) und den verliebten Blick auf den schönen Körper als Spiegelbild der Seele (Spirto ben nato, in cu' si specchia e vede).

Anlässlich des 500. Geburtstags des Künstlers schuf schließlich Dimitri Schostakowitsch (1906-1975) als eines seiner letzten Werke eine *Suite nach Worten von Michelangelo,* op. 145 (1974), die er noch im selben Jahr, wie er selbst andeutete, als quasi 16. und letzte Symphonie orchestrierte. Das Thema

»Der untere Teil der Wände ist mit einer Brokattapete bekleidet, der obere von alten Florentiner Künstlern in Fresko gemalt. Dem Eingange gegenüber, an der hintern Wand der Kapelle, ist Michelangelos berühmtes Jüngstes Gericht, an dessen Schönheit ich glauben muß, ohne sie zu empfinden. Michelangelos Malereien und Skulpturen sind mit wenigen Ausnahmen, wie der Moses und die wunderschöne Büste des Heilandes in Santa Agnese fuori le mura, zu gewaltig für das Erfassungsvermögen meiner Seele. Jeder Heilige ist riesig und wild wie ein rasender Herkules, vor seinen Verdammten fühle ich eine beklemmende Furcht. Mit diesen Empfindungen kann man aber keine Freude an einer Schöpfung haben, und es geht gewiß vielen Frauen wie mir, daß sie Michelangelo nicht verstehen können.«

(Die Autorin und Frauenrechtlerin Fanny Lewald 1847 über die Wirkung der Kunstwerke Michelangelos auf Frauen; Lewald 1967, S. 302)

Krankheit und Verfall, das im letzten Jahrzehnt von Schosta-
kowitschs Leben allgegenwärtig war, die Bitterkeit und see-
lische Abschottung, die er als Sowjet-Komponist intern und
als internationaler Repräsentant des Systems gleichermaßen
pflegte, wird in elf Dichtungen überwunden, die Assoziationen an Stationen seines eigenen Lebens wecken (*Trennung,
Wut, An die Verbannten* etc.) und schließlich in Tod und Unsterblichkeit münden.

Ein Michelangelo für alle Weltanschauungen

Der Tatsache, dass Sigmund Freud in Moses eine Art Über-Ich
sah und vor der Skulptur Michelangelos viele Stunden medi-
tierte, verdanken wir eine seiner persönlichsten Schriften, die
er vielleicht auch deshalb 1914 zunächst anonym publizierte,
um nicht zu viel von sich zu offenbaren. Er selbst sah sich als
Moses der Psychoanalyse, der sich zügeln musste angesichts
des Tanzes um das Goldene Kalb, den in seinen Augen Alfred
Adler, C. G. Jung und andere Abtrünnige vollführten, nicht
die Gesetzestafeln der reinen Lehre zu zertrümmern (vgl.
Grubrich-Simitis 2004, S. 16). Es verwundert daher wenig,
dass er *Moses* nicht als aufbrausend, sondern als beherrscht
interpretierte, aber auch als einen Vorwurf Michelangelos an
Julius II., der sich für seine kurze Wirkungszeit zu viel vorge-
nommen hatte und daher zu Jähzorn und Gewaltakten neigte.
Und schließlich erkannte der Bildhauer, so Freud, auch bei
sich selbst ähnliche Tendenzen des Scheiterns. Michelangelo als »tiefer blickender Grübler« (Freud 1964, S. 80), der
die Vergeblichkeit des Tuns in einer Skulptur bannt, von der
Freud gesteht: »Ich habe von keinem Bildwerk je eine stärkere
Wirkung erfahren.« (Ebd. 964, S. 59)

Neben dem Hadern mit dem Erfolg war das zwangsläufig einsame Genie eine Lieblingsvorstellung Michelangelos. »Wer in
allem einzig ist, kann in nichts Gefährten haben«, hatte er an
Tommaso Cavalieri geschrieben (MB 1957, S. 88). Im Jahr
1930 notierte Thomas Mann in seinem *Lebensabriß*: »Das
Jüngste Gericht erschütterte mich als Apotheose meiner
durchaus pessimistisch-moralischen und antihedonistischen
Stimmung.« (Zit. n. Bedenig Stein 2001, S. 97) Es war das

*Ein Fall für die
Psychoanalyse:
Moses auf der
Couch*

Thomas Mann

Jahr, in dem er seine Novelle *Mario und der Zauberer* schrieb
– leicht zu lesen als Parabel auf den Faschismus – und in dem
er nach dem Erfolg der NSDAP bei der Reichstagswahl seinen
Appell an die Vernunft veröffentlichte. Dreizehn Jahre später
taucht Michelangelo in Manns Text *Das Gesetz* in Gestalt des
Moses wieder auf. In biographischen Anleihen weckt der Autor Assoziationen. So wird Moses wie Michelangelo von einer
Amme gestillt, die die Tochter eines Steinmetzen ist, und ein
Faustschlag auf die Nase motiviert ihn zum Mord an einem
ägyptischen Aufseher. Zudem hat Thomas Mann Michelangelos *Moses* vor Augen, wenn er den Patriarchen beschreibt:
»mit einem geteilten Bart, weitstehenden Augen und breiten
Handgelenken, wie man besonders sah, wenn er, was oft geschah, grübelnd Mund und Bart mit der Rechten bedeckte«
(Mann 1990, S. 816 f.). Noch einmal, 1950, kommt Thomas
Mann auf Michelangelo zurück. Ihm war zufällig ein Band
mit Michelangelo-Gedichten in die Hände gefallen, als er
sich gerade von einer intensiven Schwärmerei für einen jungen Hotelpagen inspirieren ließ und Parallelen zu den Empfindungen Michelangelos gegenüber Cavalieri konstatieren
konnte. Ergebnis der Auseinandersetzung waren Manns Es-
says *Michelangelo in seinen Dichtungen* und *Die Erotik Michelangelos* (beide 1950).

> »Soll jede Lust in Tränen uns zerstieben,
> Dann, Amor, schieß auf mich die schärfsten Pfeile,
> So ist nur kurz die Weile,
> Die zwischen Tod und meiner Wunde liegt.
> Tötest du die, die lieben,
> Weint keiner mehr und unsere Qual versiegt.
> Nicht für den Schmerz, den du mir zugefügt,
> Doch für den Tod sei dir mein Dank bestimmt,
> Denn Wunden heilt, wer uns das Leben nimmt.«
>
> (Gedicht Michelangelos; Brauchitsch 2007, S. 11)

Michelangelo im Nationalsozialismus Die Quelle Michelangelo scheint in politischer, ethischer,
erotischer und ästhetischer Hinsicht unerschöpflich, und so
erstaunt es nicht, dass ihn auch der Nationalsozialismus für

sich reklamierte. Totalitären Systemen, so sollte man denken, musste der Künstler suspekt sein, und doch finden sich genug Ansatzpunkte, die ihn als Verächter des Niedlichen und Freund des Gewaltigen auch zum Ahnen der Kunst des Faschismus und des Sozialistischen Realismus machen können.

Dass Arno Breker (1900-1991) in den sechs Jahren vor 1933 überwiegend in Paris weilte, fand in seiner Biographie, die das Reichspropagandaministerium lancierte, keine Erwähnung. Statt auf mögliche Einflüsse einer »liberalen Dekadenz« richtete man den Blick lieber nach Rom. Wie viele führende Künstler des Nationalsozialismus (Georg Kolbe, Richard Scheibe, Fritz Klimsch, Karl Albiker) war auch Breker längere Zeit in Italien und empfand seinen Romaufenthalt »als schicksalhafte Wende, als Vorbereitung auf die monumentale Arbeit größten Ausmaßes, die mich erwartete.« (Breker 1972, S. 73) 1932 hatte er den Villa-Massimo-Preis der Preußischen Akademie erhalten und kehrte nach der Machtübernahme Hitlers nach Deutschland zurück. Inspiriert durch Michelangelo, setzte er auf eine »formale Steigerung« von dessen Vokabular (Probst 1978, S. 24) und entwickelte aus dem wachsam-angespannten *David*, 1939 eine aggressive Personifikation der *Bereitschaft*, mit der unmissverständlich Kriegsbereitschaft gemeint war. Mit einer Höhe von elf Metern sollte sie das 35-Meter-Denkmal für Mussolini in Berlin bekrönen.

Arno Breker, *Bereitschaft*, Privatbesitz

Vor den Werken Michelangelos, schreibt Breker, hätten ihn Zweifel befallen, »ob das Schaffen von Kleinplastik, wie ich es bisher getan hatte, der richtige Weg war«. Das entscheidende Argument für das Monumentale sei, so Breker, sein Sendungsbewusstsein gewesen, denn Kleinplastik war etwas Privates für wohlhabende Kreise, doch »der tätige Arbeiter, der Träger der wirtschaftlichen Basis, stand so außerhalb der Ausstrahlung der Kunst. Ich war der Meinung, die Plastik gehöre auf die Straße.« (Probst 1983, S. 35) Seine angeblich politisch völlig unbeleckte Verherrlichung der Schönheit sollte weithin und für alle sichtbar sein. Wie in vielen weiteren männlichen

Akten, etwa seinen Skulpturen *Partei* und *Wehrmacht*, bringt Breker eine Spannung in die Eleganz der Haltung, indem er mit dem klassischen Kontrapost-Motiv bricht (bei dem die Schulter über dem Spielbein höher zu liegen hat), die Körperteile wie Panzersegmente zusammensetzt und die Proportionen verschiebt: ein kräftiger, leicht gestauchter Oberkörper ruht auf – vor allem in den Oberschenkeln – auffällig gelängten Beinen. Die »Fehler« von Michelangelos Gestalten, etwa die breithüftige Wuchtigkeit, die sich häufig findet, aber auch Details wie die Weichheit der Kinnpartie des *David*, sind ausgemerzt. Die Körper sind maximiert bis zur sterilen Unnahbarkeit, der Mensch ist »im Zenit seiner Erscheinung« erfasst (ebd., S.98), alles Sublimen entkleidet und will doch, so Breker, der Sehnsucht nach einem humanen Menschenbild und der Würde des Menschen Ausdruck verleihen (ebd., S.172). Und Brekers Beschäftigung mit Michelangelo ging tatsächlich über die Bändigung von dessen physischem Extremismus hinaus. Sie besaß auf den ersten Blick verinnerlichte Aspekte, etwa wenn Breker als Bewunderer Auguste Rodins und Aristide Maillols (1861-1944) die *Pietà Rondanini* ins Auge fasste und sich an einer Rekonstruktion von Michelange-

»Für die Griechen war der Mensch das höchste, das alles umfassende Gebilde der Natur [...] Vieles von ihrem künstlerischen Vermächtnis übernahmen die Römer [...] Das nachfolgende Christentum ließ die Darstellung des nackten Körpers verkümmern [...] Aber dann kam es zu einer gewaltigen Eruption des kreativen Geistes der Renaissance und des Barock in Italien. Als Inbegriff bildhauerischer Möglichkeiten steht Michelangelos »David« vor uns. Beschreibende Worte versagen hier. Nur die wiederholte Anschauung kann uns die Größe dieses Werkes verdeutlichen. Diese Kontinuität der Kunstgeschichte beweist, daß die Darstellung des Menschen unerschöpflich ist und jeweils zu immer neuen Höhepunkten führen kann und führt.«
(Arno Breker über seine Sprachlosigkeit angesichts des *David*; Breker 1983, S.170)

los ursprünglicher Idee versuchte (ebd., S. 34). Er erkannte in diesem Alterswerk jedoch, glaubt man Fritz Baumgart, einen »nordisch-gotischen Ausdruck«, der sich mit italienischer Körperlichkeit paart, eine Verschmelzung, die Breker selbst (weitestgehend vergeblich) in seinen Werken anstrebte. Einerseits vermittelt die *Pietà Rondanini* etwas Sakral-Erhabenes, »doch im subjektiven Wert des Ausdrucks zutiefst von dem rein Nordisch-Gotischen verschieden ist die zwingende Gewalt der Bewegung, die unnatürlich, aber seelisch überzeugend ist« (Baumgart 1935, S. 50).

Wie der Nationalsozialismus tat sich auch der Stalinismus schwer mit der Anerkennung des Einflusses der französischen Kunst. Im Unterschied zu den Faschisten legte man jedoch auch Wert darauf, sich unmissverständlich von künstlerischer Tradition überhaupt abzugrenzen. Eine Kunst wie der sozialistische Realismus, auf den in den 1930er Jahren durch die stalinistischen Säuberungen alles hinauslief und der vorgeblich alles aus sich selbst geschaffen hatte, ist in diesem Gedanken paradoxerweise wiederum Michelangelo verwandt. Auch wenn bereits zu dessen Zeit klar gewesen sein sollte, dass kein Künstler aus der Natur oder aus sich selbst heraus mehr lernt als von anderen Künstlern, beruht der von ihm selbst beförderte Michelangelo-Mythos auf einer Negierung möglicher Vorbilder. Dem Anspruch, etwas bahnbrechend Neues zu schaffen, versuchten auch die kommunistischen Kunstverbände gerecht zu werden. Das Anforderungsprofil dessen, was die Kunst im Staat zu leisten hatte, war deutlich formuliert: Sie sollte Symbolkraft besitzen, verständlich und positiv motivierend sein.

Bei allem bürgerlich-individualistischen Habitus, bei aller Religiosität, konnte Michelangelo hier in manchem Sinne instrumentalisiert werden. Da ist »ein Ja zum tätigen Menschen, […] ein erneutes Ja zur Realität des Lebens«, schreibt Gerhard Strauss, und da »ist ein Ja noch des greisen Künstlers zur sieghaften Kraft der Wahrheit und vielleicht ein Ahnen, dass niedres Volk deren bester Freund ist« (Strauss 1965, S. 16). Die Renaissance als Umsturz, als radikales Bekenntnis zum Diesseits, als eine Leistung des revolutionären frühen Bürger-

Held des Arbeiter- und Bauernstaates

tums. »Es warf dem Feudalismus samt der ihm verpflichteten geistigen Diktatur der katholischen Kirche den Fehdehandschuh hin« (ebd.), und Michelangelo wurde zu einer Schlüsselfigur, wenn auch zu einer tragischen, die sich noch in den Untiefen feudaler Rivalitäten »und in dem Widerspruch zwischen kapitalistischer Freisetzung und Hofkünstlerservilität« bewegte (Feist 1965, S. 104). In seinem *David* kreiert er dennoch den heroischen Prototyp des diesseitigen Menschen, »seine Heroen sind aber keine Helden an sich und keinesfalls antihumane Herrenmenschen etwa im Sinne F. Nietzsches, sondern Menschen voller Menschenwürde und voller verantwortungsbewußtem Bezug zur Realität.« (Strauss 1965, S. 18) In seiner Sixtinischen Decke lehnt er es ab, die Heiligen reich auszuschmücken, denn sie seien zumeist arm gewesen (ebd., S. 20), und auch die Entscheidung für den Zentralbau bei der Planung von Sankt Peter sowie die Reiterstatue Marc Aurels im Zentrum des Kapitolsplatzes seien Ausdruck für den »Triumph des idealen machtvollen Individuums« (ebd). »Daß Michelangelo im Blick auf das Meisterwerk Mensch die Widersprüche seiner Zeit lebendig begriff, ist ein weiterer Zug, der in der sozialistischen Kunst Bedeutung behält.« (Ebd., S. 26) In Michelangelo wird schließlich der zunehmend entschiedene Republikaner entdeckt, dessen Menschenbild zu einer Vorstufe wird für Utopisten einer Arbeitergesellschaft ohne Privatbesitz und Familienstruktur, wie sie etwa Tommaso Campanella in seinem *Sonnenstaat* entwickelte. Campanella faszinierte schon Lenin und das *Michelangelo-Komitee der DDR* sah in seinem Namensgeber einen Helden des Arbeiter- und Bauernstaates, einen Vorreiter des Sozialistischen Realismus. Zu Michelangelos 400. Todestag wurde daher in Berlin eine neu angelegte Straße nach ihm benannt.

Michelangelo im Zeitalter seiner technischen Reproduzierbarkeit

Bemisst sich die Popularität eines Künstlers an der Verbreitung seiner Werke in Kopien und Nachzeichnungen, dann gebührte Michelangelo bereits zu Lebzeiten der erste Rang. Die massenhafte Verbreitung seines Werkes ist jedoch auch im 20.

und 21. Jahrhundert ungebrochen und lädt geradezu ein, den Pop-Faktor auszuloten. »Mir tun die Amerikaner leid, die so wenig Geschichte besitzen, auf die sie zurückgreifen können, denn für einen italienischen Künstler, einen Römer, der von den vatikanischen Mauern einen Steinwurf entfernt lebt, ist die Sixtinische Kapelle das, was populär ist, das wahre Objekt made in Italy«, merkte der Pop-Künstler Tano Festa (1938-1988) an (zit. n. Cora 2004, S. 149-150). Wo die Amerikaner auf Suppendosen und Coca-Cola rekurrieren müssen, haben die Italiener Michelangelo – was die Amerikaner als Vorreiter der Globalisierung allerdings keineswegs davon abgehalten hat, sich auch in Italien zu bedienen.

Zum 400. Todestag kam *Michelangelo – Inferno und Ekstase* (*The Agony and the Ecstasy*) in die Kinos. Nach dem gleichna-

Michelangelo auf der Leinwand

> »Nach einer Gruppenführung, die keinen einzigen Raum aus-
> ließ, aber auch in keinem verweilte, geschah es, daß eine weit-
> gereiste Pilgerin in Tränen ausbrach, weil man ihr die Sistina
> vorenthalten hatte – als man ihr klarmachte, daß sie dort ge-
> wesen war, weinte sie erst recht [...] Die Schwermut des Kara-
> wanenreisens ist unermeßlich, da wird, was Freude bedeuten,
> ja manchmal ein Leben krönen soll, zur Bestätigung des eige-
> nen Unwerts und damit zur äußersten Einsamkeit, da sich ja
> dieses Unwertgefühl nicht mitteilen läßt [...] Der strengen For-
> derung des Fachmanns nach richtigem Verständnis könnte
> man entgegenhalten, daß weder das Erlebnis der Einsamkeit
> in der Bildungswelt noch die dem Gegenstand nicht gemäßen
> Gefühle allzu gering einzuschätzen sind. Es beginnt etwas [...].
> Wer den Leidensweg der Museen mit all seinen Ratlosigkeiten
> und seinen plötzlichen und irrationalen Glücksgefühlen ge-
> gangen ist, wird nicht nur wie erlöst in seinen Bereich heim-
> kehren, er wird auch anders leben und vielleicht dem Tod an-
> ders gegenüberstehen als bisher. So betrachtet gewinnt die
> Frage nach dem Recht der Massen auf die Sistina ein anderes
> Gesicht.«
> (Marie Luise Kaschnitz über *Das Recht der Massen auf die Cap-
> pella Sistina*; Marschall von Bieberstein / Schnebel-Kaschnitz
> (Hrsg.) 2000, S. 151-153)

migen Roman von Irving Stone hatte der britische Filmregisseur Carol Reed (1906-1976) 1965 einen breit angelegten Kostümschinken in Szene gesetzt. Charlton Heston als Michelangelo, Tomas Milan als Raffael und Rex Harrison als Papst Julius II. machten die Renaissance hollywoodtauglich.

1990 entstand *Michelangelo – Genie und Leidenschaft* (*La primavera di Michelangelo*, Regie: Jerry London) und 2006 der über weite Strecken computeranimierte Fernsehfilm *Michelangelo Superstar* (Regie: Wolfgang Ebert und Martin Papirowski). Eine besondere Pointe erdachte Robert Zemecki für seinen Film *Der Tod steht ihr gut* (1992): In einem Schloss, in dem der Gral ewiger Jugend in Form eines Elixiers von Lisle von Rhoman (Isabella Rossellini) bewahrt wird, schmückt Michelangelos *Erschaffung Adams* das Glasdach über dem Pool. Als sich der Schönheitschirurg Ernest Menville (Bruce Willis) gegen die eigene Unsterblichkeit entschieden hat, stürzt er vom Dach des Schlosses,

Filmplakat, 1964

durchschlägt die *Erschaffung Adams* und landet als dessen moderne Variante, die sich gegen den göttlichen Lauf der Dinge aufzulehnen wagte, im kalten Nass.

Seit 1984 ist Michelangelo auch als mutierte Schildkröte mit Nunchaku bewaffnet im Team mit Donatello, Leonardo und Raffael unterwegs, um als *Teenage Mutant Ninja Turtle* die Comic-Welt von allem Bösen zu befreien. Die Gelegenheit, den finsteren Mächten in der realen Welt den Kampf anzusagen, bot sich indirekt und an ganz anderer Stelle ebenfalls durch Michelangelo: Das Attentat eines gestörten Mannes, der 1972 mit dem Ruf »Ich bin Jesus« über die Balustrade vor der *Pietà* im Petersdom sprang und die Skulptur mit einem Hammer beschädigte, nutzte Papst Paul VI. zu einem Rundumschlag: Das Böse habe die Kirche attackiert, es sei allgegenwärtig, zwar gedämpft und relativiert durch Soziologie, Marxismus und Psychologie, aber dadurch unterschwellig umso gefährlicher. Besiegen lasse es sich nur durch den Glauben, der im

Mittelpunkt des Lebens zu stehen habe. Die verstümmelte *Pietà* wurde, als Bild der geschundenen Kirche, noch einmal neu mit einer alten Botschaft aufgeladen.

Bis in die Gegenwart hat Michelangelo auch die populäre Musik aller Genres inspiriert. Ob Schlager, Indie oder Country, Künstler wie Lotta Engberg & Elisabeth Andreassen (*Michelangelo*), die Counting Crows (*When I dream of Michelangelo*) oder Emmylou Harris und Mark Knopfler (*Michelangelo*) haben Assoziationen zu dem berühmten Namen vertont, und auch Michelangelos Werke sind aus dem Alltag und der Konsumwelt nicht mehr wegzudenken. Vom Parfümflakon (*Deja Vu*) bis zur Uhrenwerbung (Vagary), vom Tatoomotiv bis zum Tango (Astor Piazzolla: *Michelangelo 70*): Michelangelo ist präsent. Da erstaunt es auch nicht, dass eine von ihm unterschriebene Quittung auf einer Auktion bei Sotheby's in New York mit 480 000 Dollar den bislang wohl höchsten Preis für ein Autogramm erbracht hat.

Der Unbequeme, Maßlose, Leidende, der »niemals Maler oder Bildhauer [sein wollte] wie einer, der ein Geschäft daraus macht« (MB 1957, S. 112), ist in der Konsumwelt von Angebot und Nachfrage angekommen. Noch immer macht er Schlagzeilen, wenn ein Werk von ihm neu entdeckt oder sein Œuvre (künstlich?) verknappt wird, denn es geht um die Aura des Originals. Die ist zwar unsichtbar, aber Millionen wert.

Michelangelo als Countrysong und Parfüm

Sergio Messina, Tattoo nach dem Fußboden-Ornament des Kapitolsplatzes in Rom

Anhang

Zeittafel

1475 6. März: Michelangelo Buonarroti wird als zweiter von sechs Söhnen in Caprese geboren.

1476 Umzug der Familie nach Settignano.

1481 Tod der Mutter Francesca di Neri di Miniato del Sera.

1488 Michelangelo kommt zunächst in die Lehre zu Domenico Ghirlandaio in Florenz.

1489 Er wechselt in den Garten Lorenzo de' Medicis, um eine Ausbildung zum Bildhauer zu absolvieren.

1492 Lorenzo de' Medici stirbt.

1494 Michelangelo geht nach Venedig und Bologna. – Die Medici werden bis 1512 aus Florenz vertrieben.

1496 Michelangelo geht nach Rom.

1497 *Bacchus.*

1498 Savonarola wird in Florenz hingerichtet.

1499 Für Sankt Peter entsteht die *Pietà.*

1501 Michelangelo kehrt nach Florenz zurück.

1501-1504 *David.*

1504 Karton zur *Schlacht von Cascina* in Konkurrenz zu Leonardo da Vincis *Schlacht von Anghiari.*

1505 Berufung nach Rom durch Papst Julius II. – Entwurf Michelangelos für das *Juliusgrab.* – Aufenthalt in den Steinbrüchen von Carrara.

1506 Michelangelo flieht, eine Verschwörung witternd, nach Florenz, nachdem Julius II. ihn zurückgewiesen hat. – Trifft den Papst in Bologna.

1508-1513 Ausmalung der Decke in der Sixtinischen Kapelle.

1513 Tod Papst Julius II. – Giovanni de' Medici wird als Leo X. Papst. – Michelangelo erhält den Auftrag für die Fassadengestaltung von San Lorenzo in Florenz.

1520 Der Vertrag für San Lorenzo wird ergebnislos gelöst. – *Grabkapelle der Medici*, San Lorenzo.

1521 Tod Leos X. – Clemens VII. wird Papst.

1524 *Biblioteca Laurenziana*, Florenz.

1527 Sacco di Roma. – Erneute Vertreibung der Medici aus

Florenz. – Paolo Giovio schreibt die erste Michelangelo-Kurzbiographie.

1529 Michelangelo ist Festungsbaumeister der Republik Florenz. – Er flieht, von erneuten Verschwörungsängsten getrieben, nach Venedig, kehrt wenig später aber nach Florenz zurück.

1530 Florenz wird von der Medici-Fraktion eingenommen.

1532 Beginn der Freundschaft mit Tommaso de' Cavalieri.

1534 Tod des Vaters. – Michelangelo geht endgültig nach Rom.

1535 Beginn einer *Pietà* für sein eigenes Grab (Museo Opera del Duomo, Florenz).

1536 Beginn der Arbeiten am *Jüngsten Gericht* (Sixtinische Kapelle) und auf dem Kapitol. – Beginn der Freundschaft mit Vittoria Colonna.

1541 Fertigstellung des *Jüngsten Gerichts*. – Fresken in der Cappella Paolina: *Bekehrung des Paulus* und *Kreuzigung des Petrus*.

1545 Fertigstellung des *Juliusgrabes* in *S. Pietro in Vincoli*, Rom.

1547 Vittoria Colonna stirbt. – Michelangelo wird Architekt des Vatikans auf Lebenszeit.

1550 Die Viten Vasaris erscheinen.

1553 Ascanio Condivi veröffentlicht seine Michelangelo-Biographie.

1559 Entwürfe für *San Giovanni dei Fiorentini*, Rom.

1561 *Porta Pia*, Rom.

1564 18. Februar: Michelangelo stirbt in Rom. – Sein Leichnam wird nach Florenz gebracht und dort in *Santa Croce* beigesetzt.

1568 Der *Konservatorenpalast* auf dem Kapitol wird fertig gestellt.

1588-1590 Giacomo della Porta und Domenico Fontana errichten die Kuppel von Sankt Peter nach modifizierten Plänen Michelangelos.

1605 Fertigstellung der Fassade des *Senatorenpalastes* auf dem Kapitol.

1654 Mit der Fertigstellung des Pendants zum *Konservatoren-*

palast, dem *Palazzo Nuovo*, ist die Kapitol-Neugestaltung abgeschlossen.

1770 Heinrich Füssli geht nach Rom.

1842 Gottlob Regis übersetzt Michelangelos Gedichte ins Deutsche.

1860 Herman Grimms Michelangelo-Biographie erscheint.

1897 Hugo Wolf komponiert die *Michelangelo-Lieder*.

1914 Sigmund Freud veröffentlicht anonym seine Abhandlung *Der Moses des Michelangelo*.

1932 Arno Breker ist Villa-Massimo-Stipendiat und befasst sich mit Michelangelo.

1940 Benjamin Britten komponiert *Sieben Sonette Michelangelos,* op. 22, für Bariton und Klavier.

1950 Thomas Mann schreibt über Michelangelo.

1965 Der Film *Michelangelo – Inferno und Ekstase* (*The Agony and the Ecstasy*) von Carol Reed nach dem Roman von Irving Stone kommt in die Kinos.

1972 Attentat auf die *Pietà* in Sankt Peter.

1974 Dimitri Schostakowitsch komponiert die *Suite nach Worten von Michelangelo*.

1975 Feiern zum 500. Geburtstag.

1990 Unter der Regie von Jerry London entsteht der Film *Michelangelo – Genie und Leidenschaft* (*La primavera di Michelangelo*).

2003 Eine elf Jahre dauernde Debatte um die Reinigung des *David* geht zu Ende. Die Experten einigen sich auf die schonende Abreibung mit destilliertem Wasser.

2004 Feierlichkeiten in Florenz zum 500. Geburtstag des *David*.

Bibliographie

Siglen

AC = Condivi, Ascanio: *Das Leben des Michelangelo Buonarroti.* Leipzig 1943

GV = Vasari, Giorgio: *Leben der ausgezeichnetsten Maler, Bildhauer und Baumeister.* Darmstadt 1983

MB 1957 = Buonarroti, Michelangelo: *Briefe, Gedichte, Gespräche.* Frankfurt 1957

MB 1842 = Buonarroti, Michelangelo: *Sonette.* Übersetzt von Gottlob Regis. Berlin 1842

Weiterführende Literaturempfehlungen

Bredekamp, Horst: *Sankt Peter in Rom und das Prinzip der produktiven Zerstörung.* Berlin 2000

Fillitz, Hermann: *Papst Clemens VII. und Michelangelo. Das Jüngste Gericht in der Sixtinischen Kapelle.* Wien 2005

Frommel, Christoph Luitpold: *Michelangelo und Tommaso dei Cavalieri.* Amsterdam 1979

Krämer, Thomas: *Leonardo, Michelangelo, Raphael. Ihre Begegnung 1504 und die ›Schule der Welt‹.* Stuttgart 2004

Verspohl, Franz-Joachim: *Michelangelo Buonarroti und Leonardo da Vinci: republikanischer Alltag und Künstlerkonkurrenz in Florenz zwischen 1501 und 1505.* Göttingen 2007

Zöllner, Frank / Thoenes, Christoph / Pöpper, Thomas: *Michelangelo. Das vollständige Werk.* Hongkong / Köln 2007

Weitere Literatur

Acidini Luchinat, Christina: *Michelangelo scultore.* Mailand 2006

Allen, Elizabeth: *David and Michelangelo.* In: Apollo 143 (2001). S. 12-16

Balas, Edith: *Michelangelo's Medici Chapel. A New Interpretation.* Philadelphia 1995

Bardeschi Ciulich, Lucilla (Hrsg.): *I contratti di Michelangelo.* Florenz 2005

Bartelings, Nelke: *Beelden in Veelvoud. De Vermenigvuldiging van het Beeld in Prentkunst en Fotografie.* Leiden 2002

Bätschmann, Oskar: *Ausstellungskünstler. Kult und Karriere im modernen Kunstsystem.* Köln 1997

Baumgart, Fritz: *Die Pietà Rondanini. Ein Beitrag zur Erkenntnis des Altersstils Michelangelos mit einer Rekonstruktion von Arno*

Breker. In: Jahrbuch der Preußischen Kunstsammlungen 56. 1935. S. 44-56

Beck, James: *Die drei Welten des Michelangelo.* München 2001

Bedenig Stein, Katrin: *Nur ein ›Ohrenmensch‹? Thomas Manns Verhältnis zu den bildenden Künsten.* Bern 2001

Bering, Kunibert: *Die Peterskirche in Rom: Architektur und Baupropaganda.* Weimar 2003

Bocchi, Francesco: *Le bellezze della città di Fiorenza.* Florenz 1591, Nachdruck Farnborough 1971

Bockemühl, Michael: *»Vom unvollendeten zum offenen Kunstwerk. Zur Diskussion des non-finito in der Plastik von Michelangelo«.* In: Studien zu Renaissance und Barock. Hrsg. von Michael Hesse / Max Imdahl. Frankfurt 1986. S. 111-133

Bonelli, Laura Pace: *L'età di Michelangelo è la Tuscia.* Viterbo 2007

Brauchitsch, Boris von: *Michelangelo. Liebesgedichte.* Frankfurt 2007

Brauchitsch, Boris von: *Renaissance.* Köln 1999

Breker, Arno: *Im Strahlungsfeld der Ereignisse.* Preußisch Oldendorf 1972

Burckhardt, Jacob: *Der Cicerone.* Köln 1953

Bull, George: *Michelangelo. A Biography.* London 1995

Catterson, Lynn: *»Michelangelos Laokoon?«* In: Artibus et Historiae 52 (2005). S. 29-56

Cellini, Benvenuto: *Leben des Benvenuto Cellini.* Frankfurt 1981

Cora, Bruno: *Forme per il David. Baselitz, Fabro, Kounellis, Morris, Struth.* Florenz 2004

Corsi, Stefano: *Michelangelo nell' Ottocento. Il centenario del 1875.* Mailand 1994

Delacroix, Eugène: *Journal.* Paris 1996

DeMaio, Romeo: *Vittoria Colonna und die Krise der Renaissance.* In: Vittoria Colonna: Dichterin und Muse Michelangelos. Hrsg. von Sylvia Ferino-Pagden. Wien 1997

Egret, Dominique: *Arno Breker. Ein Leben für das Schöne.* Tübingen 1996

Elfes, Holger: *»Warum Moses Hörner hat«.* In: taz (27. 5. 2004)

Falletti, Franca: *Venere e Amore. Michelangelo e la nuova bellezza ideale.* Florenz 2002

Feist, Peter: *Das Non-Finito bei Michelangelo.* In: Michelangelo heute. Berlin 1965. S. 91-105

Flam, Jack: *Matisse über Kunst.* Zürich 1982

Freud, Sigmund: *Der Moses des Michelangelo.* Frankfurt 1964

Frey, Karl: *Michelangelo Buonarroti.* Berlin 1961

Gantner, Joseph: *Rodin und Michelangelo.* Wien 1953

Gilbert, Creighton E.: *What is expressed in Michelangelo's Non-finito?* In: Artibus et Historiae 24 (2003). S. 57-64

Gnann, Achim: *The Era of Michelangelo. Masterpieces from the Albertina.* Venedig 2004

Goethe, Johann Wolfgang von: *Gesammelte Werke.* Leipzig o. J.

Gotti, Aurelio: *Vita di Michelangelo.* Florenz 1876

Grammont, Claudine: *Correspondance entre Charles Camoin et Henri Matisse.* Lausanne 1997

Gregorovius, Ferdinand: *Lucrezia Borgia.* München 1991

Grimm, Herman: *Leben und Werk Michelangelos.* Essen 1996

Grubrich-Simitis, Ilse: *Michelangelos Moses und Freuds »Wagstück«. Eine Collage.* Frankfurt 2004

Guercio, Gabriele: *The Identity of the Artist. A Reading of Monographic Studies Devoted to the Old Masters During the Nineteenth Century.* New Haven 1996

Guerrisi, Michele: *Betrachtungen eines Bildhauers über Michelangelos Werk.* In: Der Bildhauer Michelangelo. Freiburg 1966. S. 249-277

Guhl, Ernst: *Künstlerbriefe.* Berlin 1880

Hall, Marcia B.: *Michelangelo's »Last Judgement«.* Cambridge 2005

Harford, John Scandrett: *The Life of Michelangelo Buonarroti, with Translations of many of his Poems and Letters.* London 1857

Heine, Heinrich: *Florentinische Nächte.* Frankfurt 1968

Holanda, Francisco de: *Vier Gespräche über die Malerei geführt zu Rom 1538.* Wien 1899

Hub, Bertold: *... e fa dolce la morte. Love, Death, and Salvation in Michelangelo's Last Judgement.* In: Artibus et Historiae 51 (2005). S. 103-130

Humbert de Superville, David Pierre: *Essai sur les signes inconditionnels dans l'art.* Leiden 1821

Joannides, Paul: *Michelangelo and his Influence. Drawings from Windsor Castle.* London 1997

Keller, Harald: *Die Kunstlandschaften Italiens.* Frankfurt 1983

Klabund: *Borgia. Roman einer Familie.* Frankfurt 1977

Koch, Heinrich (Hrsg.): *Michelangelo. Briefe, Gedichte, Gespräche.* Frankfurt 1957

Kupper, Daniel: *Michelangelo.* Reinbek 2004

Leander, Anne: *Michelangelos »Last Judgement«*. In: Studies in Iconography. Bd. 27 (2006)

Leitgeb, Christine: *Tochter des Lichts. Kunst und Propaganda im Florenz der Medici*. Berlin 2006

Le Normand-Romain, Antoinette: *Rodin et l'Italie*. Rom 2001

Lewald, Fanny: *Italienisches Bilderbuch*. Frankfurt 1967

Liebert, Robert S.: *Michelangelo*. New Haven / London 1983

Ludwig, Emil: *Michelangelo*. Berlin 1930

Machiavelli, Niccolò: *Der Fürst*. Neuenkirchen 2007

Makoschey, Klaus: *Quellenkritische Untersuchungen zum Spätwerk Thomas Manns*. Frankfurt 1998

Mann, Thomas: *Das Gesetz*. In: Erzählungen. Gesammelte Werke in dreizehn Bänden. Bd. VIII. Frankfurt 1990

Marschall von Bieberstein, Michael / Schnebel-Kaschnitz, Iris (Hrsg.): *Mit Marie Luise Kaschnitz durch Rom*. Frankfurt 2000

Neuss, Wilhelm: *Michelangelos Schönheitsideal*. In: Ehrengabe deutscher Wissenschaft: dargeboten von katholischen Gelehrten; dem Prinzen Johann Georg Herzog zu Sachsen zum 50. Geburtstag gewidmet. Hrsg. von Franz Fessler. Freiburg 1920. S. 7-12

Nietzsche, Friedrich: *Morgenröthe*. Köln 2008

Øestermark-Johansen, Lene: *Sweetness and Strength: The Reception of Michelangelo in Late Victorian England*. Ashgate 1998

Paolucci, Antonio (Hrsg.): *David. Five Hundred Years*. Florenz 2006

Perkins, Charles C.: *Tuscan Sculptors. Their Lives, Works and Times*. London 1864

Perrig, Alexander: *Zeichnungen aus der Toskana. Das Zeitalter Michelangelos*. München 1997

Pfisterer, Ulrich / Seidel, Max: *Visuelle Topoi. Erfindung und tradiertes Wissen in den Künsten der italienischen Renaissance*. München 2003

Prete, Sesto (Hrsg.): *The Original Contract with Michelangelo for the Tomb of Pope Julius II, Dated May 6, 1513*. New York 1963

Probst, Volker G.: *Der Bildhauer Arno Breker*. Bonn / Paris 1978

Probst, Volker G. (Hrsg.): *Arno Breker. Schriften*. Bonn 1983

Richter, Susanne: *Jacopo Tintoretto und die Kirche der Madonna dell'Orto. Studien zur Rezeption von Michelangelos Jüngstem Gericht in Italien nach 1540*. München 2000

Rohlmann, Michael: *Michelangelos »Jonas«. Zum Programm der Sixtinischen Decke*. Weimar 1995

Rolland, Romain: *Michelangelo*. Zürich 1922

Romani, Vittoria: *Daniele da Volterra. Amico di Michelangelo.* Florenz 2003

Rosenberg, Raphael: *Beschreibungen und Nachzeichnungen der Skulpturen Michelangelos.* München 2000

Schulz, Karel: *Versteinertes Leid.* Hamburg 1960

Simmel, Georg: *Michelangelo als Dichter.* In: Georg Simmel. Aufsätze 1887-1890. Hrsg. von Otthein Rammstedt (Gesamtausgabe. Bd. 2). Frankfurt 1992

Singer, Hans Wolfgang: *Michelangelo Buonarroti.* München 1918

Springer, Anton: *Raffael und Michelangelo.* Leipzig 1883

Stendhal: *Michelangelo.* In: Geschichte der Malerei in Italien. (Gesammelte Werke. Bd. 10.) Hrsg. von Friedrich Oppeln-Bronikowski. Berlin 1924. S. 325-339

Sternweiler, Andreas: *Die Lust der Götter. Homosexualität in der italienischen Kunst von Donatello zu Caravaggio.* Berlin 1993

Stone, Irving: *Michelangelo.* Berlin / Darmstadt / Wien 1961

Strauss, Gerhard: *Unser Michelangelo-Bild.* In: Michelangelo heute. Berlin 1965

Tolnay, Charles de: *Tod und Auferstehung bei Michelangelo.* In: Michelangelo Buonarroti. Hrsg. von Charles de Tolnay u. a. Würzburg 1964. S. 7-50

Vischer, Friedrich Theodor: *Auch einer. Eine Reisebekanntschaft.* Frankfurt 1987

Wallace, William E.: *Michelangelo. In and Out of Florence Between 1500 and 1508.* In: Leonardo, Michelangelo and Raphael in Renaissance Florence from 1500 to 1508. Hrsg. von Serafina Hager. Washington 1992. S. 65-71

Wallace, William E.: *Michelangelo and Marcello Venusti: A Case of Multiple Authorship.* In: Reactions to the Master: Michelangelo's Effect on Art and Artists in the Sixteenth Century. Hrsg. von Francis Ames-Lewis / Paul Joannides. Aldershot 2003. S. 17-24

Weddingen, Tristan: *»Aus der Not eine Tugend«.* In: Daidalos 3 (1996). S. 80-91

Willson, Charles Heath: *Life and Works of Michelangelo.* London 1876

Winckelmann, Johann Joachim: *Geschichte der Kunst des Altertums.* Hrsg. von Heinrich Meyer / Johann Schulze. 4 Bde. Dresden 1809-1815

Zöllner, Frank: *Michelangelos Fresken in der Sixtinischen Kapelle: gesehen von Giorgio Vasari und Ascanio Condivi.* Freiburg 2002

Personenregister

Werkregister

Bildnachweis

akg-images, Berlin: 11, 38 (Rabatti – Domingie), 121, 137 (Marco). Alinari Archives, Florenz: 90 (mit freundlicher Genehmigung of Ministero per i Beni e le Attività Culturali). Artothek, Weilheim: 110 (Tosi), 111 u. (Christoph Sandig). Bildarchiv Foto Marburg: 104. Paolo Caraffa, The Tattoo Shop, Mailand: 143 (Tattoo). Cinetext, Frankfurt am Main: 142. Sergio Messina, Mailand: 143 (Foto). Scala, Florenz: 21, 57, 67, 68, 82, 84, 123

Umschlagabbildung: Giuliano Bugiardini, »Porträt des Michelangelo Buonarroti mit Turban«, Gemälde, um 1522 (c) akg-images/Erich Lessing

Alle übrigen Abbildungen stammen aus dem Archiv des Autors und des Suhrkamp Verlages.